OPINIONS SOCIALES

II

BIBLIOTHÈQUE SOCIALISTE. N° 14.

ANATOLE FRANCE

OPINIONS SOCIALES

II

LA RELIGION ET L'ANTISÉMITISME
L'ARMÉE ET L'AFFAIRE. — LA PRESSE
LA JUSTICE CIVILE ET MILITAIRE

PARIS
SOCIÉTÉ NOUVELLE DE LIBRAIRIE ET D'ÉDITION
LIBRAIRIE GEORGES BELLAIS
RUE CUJAS, 17

1902

OPINIONS SOCIALES

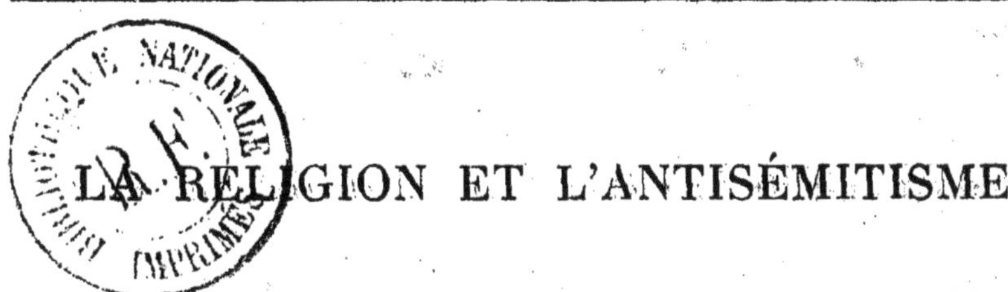

LA RELIGION ET L'ANTISÉMITISME

I

Firmin Piédagnel causait depuis deux ans au supérieur du séminaire d'incessantes inquiétudes. Fils unique d'un savetier qui avait son échoppe entre deux contreforts de Saint-Exupère, c'était, par l'éclat de son intelligence, le plus brillant élève de la maison. D'humeur paisible, il était assez bien noté pour la conduite. La timidité de son caractère et la faiblesse de sa complexion semblaient assurer la pureté de ses mœurs. Mais il n'avait ni l'esprit théologique, ni la vocation du sacerdoce. Sa foi même était incertaine.

Grand connaisseur des âmes, M. Lantaigne ne redoutait pas à l'excès, chez les jeunes lévites, ces crises violentes, parfois salutaires, que la grâce apaise. Il s'effrayait, au contraire, des langueurs d'un esprit tranquillement indocile.

Il désespérait presque d'une âme à qui le doute était tolérable et léger, et dont les pensées coulaient à l'irreligion par une pente naturelle. Tel se montrait le fils ingénieux du cordonnier. M. Lantaigne était un jour arrivé, par surprise, par une de ces ruses brusques qui lui étaient habituelles, à découvrir le fond de cette nature dissimulée par politesse. Il s'était aperçu avec effroi que Firmin n'avait retenu de l'enseignement du séminaire que des élégances de latinité, de l'adresse pour les sophismes et une sorte de mysticisme sentimental. Firmin lui avait paru dès lors un être faible et redoutable, un malheureux et un mauvais. Pourtant il aimait cet enfant, il l'aimait tendrement, avec faiblesse. En dépit qu'il en eût, il lui savait gré d'être l'ornement, la grâce du séminaire. Il aimait en Firmin les charmes de l'esprit, la douceur fine du langage et jusqu'à la tendresse de ces pâles yeux de myope, comme blessés sous les paupières battantes. Il se flattait que, mieux conduit à l'avenir, Firmin, trop faible pour donner jamais à l'église un de ces chefs énergiques dont elle avait tant besoin, rendrait du moins à la religion, peut-être, un Pereyve ou un Gerbet, un de ces prêtres portant dans le sacerdoce un cœur de jeune mère. Mais, incapable de se flatter longtemps lui-même, M. Lantaigne rejetait vite cette espérance trop incertaine, et il discernait en cet enfant un Guéroult, un Renan. Et une sueur d'angoisse lui glaçait le front. Son épouvante était, en nourrissant de tels élèves, de préparer à la vérité des ennemis redoutables.

Il savait que c'est dans le temple que furent forgés les marteaux qui ébranlèrent le temple. Il disait bien souvent : « Telle est la force de la discipline théologique que seule elle est capable de former les grands impies ; un incrédule qui n'a point passé par nos mains est sans force et sans armes pour le mal. C'est dans nos murs qu'on reçoit toute science, même celle du blasphème. » Il ne demandait au vulgaire des élèves que de l'application et de la droiture, assuré d'en faire de bons desservants. Chez les sujets d'élite, il craignait la curiosité, l'orgueil, l'audace mauvaise de l'esprit et jusqu'aux vertus qui ont perdu les anges.

— Monsieur Perruque, dit-il brusquement, voyons les notes de Piédagnel.

Le préfet des études, avec son pouce mouillé sur les lèvres, feuilleta le registre et puis souligna de son gros index cerclé de noir les lignes tracées en marge du cahier :

« M. Piédagnel tient des propos inconsidérés. »

« M. Piédagnel incline à la tristesse. »

« M. Piédagnel se refuse à tout exercice physique. »

Le directeur lut et secoua la tête. Il tourna le feuillet et lut encore :

« M. Piédagnel a fait un mauvais devoir sur l'unité de la foi. »

Alors l'abbé Lantaigne éclata :

— L'unité, voilà donc ce qu'il ne concevra jamais ! Et pourtant c'est l'idée dont le prêtre doit se pénétrer avant toute autre. Car je ne crains pas d'affirmer que cette idée est toute de Dieu, et pour ainsi dire sa plus forte expression sur les Hommes.

Il tourna vers l'abbé Perruque son regard creux et noir :

— Ce sujet de l'unité de la foi, monsieur Perruque, c'est ma pierre de touche pour éprouver les esprits. Les intelligences les plus simples, si elles ne manquent pas de droiture, tirent de l'idée de l'unité des conséquences logiques ; et les plus habiles font sortir de ce principe une admirable philosophie. J'ai traité trois fois en chaire, monsieur Perruque, de l'unité de la foi, et la richesse de la matière me confond encore.

Il reprit sa lecture :

« M. Piédagnel a composé un cahier, qui a été trouvé dans son pupitre et qui contient, tracés de la main même de M. Piédagnel, des extraits de diverses poésies érotiques, composées par Leconte de l'Isle et Paul Verlaine, ainsi que par plusieurs autres auteurs libres, et le choix des pièces décèle un excessif libertinage de l'esprit et des sens. »

Il ferma le registre et le rejeta brusquement.

— Ce qui manque aujourd'hui, soupira-t-il, ce n'est ni le savoir ni l'intelligence : c'est l'esprit théologique.

— Monsieur, dit l'abbé Perruque, M. l'économe vous fait demander si vous pouvez le recevoir incessamment. Le traité avec Lafolie, pour la viande de boucherie, expire le 15 de ce mois, et l'on attend votre décision avant de renouveler des arrangements dont la maison n'eut point à se louer. Car vous n'êtes pas sans avoir remarquer la mauvaise qualité du bœuf fourni par le boucher Lafolie.

— Faites entrer M. l'économe, dit M. Lantaigne.

Et, demeuré seul, il se prit la tête dans les mains et soupira :

« *O quando finieris et quando cessabis, universa vanitas mundi?* Loin de vous, mon Dieu, nous ne sommes que des ombres errantes. Il n'est pas de plus grands crimes que ceux commis contre l'unité de la foi. Daignez ramener le monde à cette unité bénie ! »

Quand, après le déjeuner de midi, à l'heure de la récréation, M. le supérieur traversa la cour, les séminaristes faisaient une partie de ballon. C'était, sur l'aire sablée, une grande agitation de têtes rougeaudes, emmanchées comme à des manches de couteaux noirs ; des gestes secs de pantins, et des cris, des appels dans tous les dialectes ruraux du diocèse. Le préfet des études, M. l'abbé Perruque, sa soutane retroussée, se mêlait aux jeux avec l'ardeur d'un paysan reclus, grisé d'air et de mouvement, et lançait en athlète, du bout de son soulier à boucle, l'énorme ballon, revêtu de quartiers de peau. A la vue de M. le supérieur, les joueurs s'arrêtèrent. M. Lantaigne leur fit signe de continuer. Il suivit l'allée d'acacias malades qui borde la cour du côté des remparts et de la campagne. A mi-chemin, il rencontra trois élèves qui, se donnant le bras, allaient et venaient en causant. Parce qu'ils employaient ainsi d'ordinaire le temps des récréations, on les appelait les péripatéticiens. M. Lantaigne appela l'un d'eux, le plus petit, un adolescent pâle, un peu voûté, la bouche fine et moqueuse, avec des yeux timides. Celui-ci n'entendit pas d'abord, et son voisin dut le pousser du coude et lui dire :

— Piédagnel, M. le supérieur t'appelle.

Alors Piédagnel s'approcha de M. l'abbé Lantaigne et le salua avec une gaucherie presque gracieuse.

— Mon enfant, lui dit le supérieur, vous voudrez bien me servir ma messe demain.

Le jeune homme rougit. C'était un honneur envié que de servir la messe de M. le supérieur.

L'abbé Lantaigne, son bréviaire sous le bras, sortit par la petite porte qui donne sur les champs et il suivit le chemin accoutumé de ses promenades, un chemin poudreux, bordé de chardons et d'orties, qui suit les remparts.

Il songeait.

— Que deviendra ce pauvre enfant, s'il se trouve soudain jeté dehors, ignorant tout travail manuel, délicat et débile, craintif? Et quel deuil dans l'échoppe de son père infirme !

Il allait sur les cailloux du chemin aride. Parvenu à la croix de la mission, il tira son chapeau, essuya avec son foulard la sueur de son front et dit à voix basse :

— Mon Dieu ! inspirez-moi d'agir selon vos intérêts, quoi qu'il en puisse coûter à mon cœur paternel !

Le lendemain matin, à six heures et demie, M. l'abbé Lantaigne achevait de dire sa messe dans la chapelle nue et solitaire. Seul, devant un autel latéral, un vieux sacristain plantait des fleurs de papier dans des vases de porcelaine, sous la statue dorée de saint Joseph. Un jour gris coulait tristement avec la pluie le long des vitraux ternis. Le célébrant, debout à la gauche du maître-autel, lisait le dernier évangile.

« *Et verbum caro factum est* », dit-il en fléchissant les genoux.

Firmin Piédagnel, qui servait la messe, s'agenouilla en même temps sur le degré où était la sonnette, se releva et, après les derniers répons, précéda le prêtre dans la sacristie. M. l'abbé Lantaigne posa le calice avec le corporal et attendit que le desservant l'aidât à dépouiller ses ornements sacerdotaux. Firmin Piédagnel, sensible aux influences mystérieuses des choses, éprouvait le charme de cette scène, si simple, et pourtant sacrée. Son âme, pénétrée d'une onction attendrissante, goûtait avec une sorte d'allégresse la grandeur familière du sacerdoce. Jamais il n'avait senti si profondément le désir d'être prêtre et de célébrer à son tour le saint sacrifice. Ayant baisé et plié soigneusement l'aube et la chasuble, il s'inclina devant M. l'abbé Lantaigne avant de se retirer. Le supérieur du séminaire, qui revêtait sa douillette, lui fit signe de rester, et le regarda avec tant de noblesse et de douceur que l'adolescent reçut ce regard comme un bienfait et comme une bénédiction. Après un long silence :

— Mon enfant, dit M. Lantaigne, en célébrant cette messe, que je vous ai demandé de servir, j'ai prié Dieu de me donner la force de vous renvoyer. Ma prière a été exaucée. Vous ne faites plus partie de cette maison.

En entendant ces paroles, Firmin devint stupide. Il lui semblait que le plancher manquait sous ses pieds. Il voyait vaguement, dans ses yeux gros de larmes, la route déserte, la pluie, une vie noire de misère et de travail, une destinée d'enfant perdu dont s'effrayaient sa faiblesse et sa timidité. Il regarda M. Lantaigne. La douceur résolue, la tranquillité ferme, la quiétude de cet homme le révoltèrent. Soudain, un sentiment naquit et grandit en lui, le soutint et le fortifia, la haine du prêtre, une haine impérissable et féconde, une haine à remplir toute la vie. Sans prononcer une parole, il sortit à grands pas de la sacristie.

II

Étant venu à mourir en sa quatre-vingt-douzième année, M. le premier président Cassignol fut conduit à l'église dans le corbillard des pauvres, selon sa volonté qu'il avait exprimée. Cette disposition fut jugée en silence. L'assistance tout entière en était secrètement offensée comme d'une marque de mépris pour la richesse, objet du respect public, et comme de l'ostensible abandon d'un privilège attaché à la classe bourgeoise. On se rappelait que M. Cassignol avait toujours tenu maison très honorablement et montré jusqu'en l'extrême vieillesse une sévère propreté dans ses habits. Bien qu'on le vît sans cesse occupé d'œuvres catholiques, nul n'aurait songé à dire, lui appliquant les paroles d'un orateur chrétien, qu'il aimait les pauvres jusqu'à se rendre semblable à eux. Ce qu'on ne croyait point venir d'un excès de charité passait pour un paradoxe de l'orgueil, et l'on regardait froidement cette humilité superbe.

On regrettait aussi que le défunt, officier de la Légion d'honneur, eût ordonné que les honneurs militaires ne lui fussent point rendus. L'état des esprits, enflammés par les journaux nationalistes, était tel qu'on se plaignait ouvertement dans la foule de ne pas voir les soldats. Le général Cartier de Chalmot, venu en civil, fut salué avec un profond respect par la députation des avocats. Des magistrats en grand nombre et des ecclésiastiques se pressaient devant la maison mortuaire. Et quand, au son des cloches, précédé par la croix et par les chants liturgiques, le corbillard s'avança lentement vers la cathédrale, entre les coiffes blanches de douze religieuses, suivi par les garçons et les filles des écoles congréganistes, dont la file grise et noire s'allongeait à perte de vue, le sens apparut clairement de cette longue vie consacrée au triomphe de l'Église catholique.

La ville entière suivait en troupe. M. Bergeret marchait parmi les traînards du cortège. M. Mazure, s'approchant, lui dit à l'oreille :

— Je n'ignorais point que ce vieux Cassignol eût été, de son vivant, zélé tortionnaire. Mais je ne savais pas qu'il fût si grand calotin. Il se disait libéral !

— Il l'était, répondit M. Bergeret. Il lui fallait bien l'être puisqu'il aspirait à la domination. N'est-ce point par la liberté qu'on s'achemine à l'empire ?...

..... Et M. Mazure, qui était libre-penseur, fut pris, à l'idée de la mort, d'un grand désir d'avoir une âme immortelle.

— Je ne crois pas, dit-il, un mot de ce qu'enseignent les diverses églises qui se partagent aujourd'hui la domination spirituelle des peuples. Je sais trop bien comment les dogmes s'élaborent, se forment et se transforment. Mais pourquoi n'y aurait-il pas en nous un principe pensant, et pourquoi ce principe ne survivrait-il pas à cette association d'éléments organiques qu'on nomme la vie ?

— Je voudrais, dit M. Bergeret, vous demander ce que c'est qu'un principe pensant, mais je vous embarrasserais sans doute.

— Nullement, répondit M. Mazure ; j'appelle ainsi la cause de la pensée, ou, si vous voulez, la pensée elle-même. Pourquoi la pensée ne serait-elle point immortelle ?

— Oui, pourquoi ? demanda à son tour M. Bergeret.

— Cette supposition n'est point absurde, dit M. Mazure encouragé.

— Et pourquoi, demanda M. Bergeret, un M.

Dupont n'habiterait-il point la maison des Tintelleries qui porte le numéro 38 ? Cette supposition n'est point absurde. Le nom de Dupont est commun en France, et la maison que je dis est à trois corps de logis.

— Vous n'êtes pas sérieux, dit M. Mazure.

— Moi, je suis spiritualiste d'une certaine manière, dit le docteur Fornerol. Le spiritualisme est un agent thérapeutique qu'il ne faut pas négliger dans l'état actuel de la médecine. Toute ma clientèle croit à l'immortalité de l'âme et n'entend pas qu'on plaisante là-dessus. Les bonnes gens, aux Tintelleries comme ailleurs, veulent être immortels. On leur ferait de la peine en leur disant que peut-être ils ne le sont pas. Voyez-vous Madame Péchin qui sort de chez le fruitier avec des tomates dans son cabas ? Vous lui diriez : « Madame Péchin, vous goûterez des félicités célestes pendant des milliards de siècles, mais vous n'êtes point immortelle. Vous durerez plus que les étoiles et vous durerez encore quand les nébuleuses se seront formées en soleils et quand ces soleils se seront éteints, et dans l'inconcevable durée de ces âges vous serez baignée de délices et de gloire. Mais vous n'êtes point immortelle, madame Péchin. » Si vous lui parliez de la sorte, elle ne penserait point que vous lui annoncez une bonne nouvelle et si, par impossible, vos discours étaient appuyés de telles preuves qu'elle y ajoutât foi, elle serait désolée, elle tomberait dans le désespoir, la pauvre vieille, et elle mangerait ses tomates avec ses larmes.

» Madame Péchin veut être immortelle. Tous mes malades veulent être immortels. Vous, M. Mazure, et vous-même, M. Bergeret, vous voulez être immortels. Maintenant je vous avouerai que l'instabilité est le caractère essentiel des combinaisons qui produisent la vie. La vie, voulez-vous que je vous la définisse scientifiquement ? C'est de l'inconnu qui f... le camp.

— Confucius, dit M. Bergeret, était un homme bien raisonnable. Son disciple, Ki-Lou, demandant un jour comment il fallait servir les Esprits et les Génies, le maître répondit : « Quand l'homme n'est pas encore en état de servir l'humanité, comment pourrait-il servir les Esprits et les Génies ? — Permettez-moi, ajouta le disciple, de vous demander ce que c'est que la mort. » Et Confucius répondit : « Lorsqu'on ne sait pas ce que c'est que la vie, comment pourrait-on connaître la mort ? »

Le cortège, longeant la rue Nationale, passa devant le collège. Et le docteur Fornerol se rappela les jours de son enfance, et il dit :

— C'est là que j'ai fait mes études. Il y a longtemps. Je suis beaucoup plus vieux que vous. J'aurai cinquante-six ans dans huit jours.

— Vraiment, dit M. Bergeret, madame Péchin veut être immortelle ?

— Elle est certaine de l'être, dit le docteur Fornerol. Si vous lui disiez le contraire, elle vous voudrait du mal et ne vous croirait pas.

Et cela, demanda M. Bergeret, ne l'étonne pas de devoir durer toujours, dans l'écoulement universel des choses ? Et elle ne se lasse pas de nourrir ces espérances démesurées ? Mais peut-être n'a-t-elle pas beaucoup médité sur la nature des êtres et sur les conditions de la vie.

— Qu'importe ! dit le docteur. Je ne conçois pas votre surprise, mon cher monsieur Bergeret. Cette bonne dame a de la religion. C'est même tout ce qu'elle a au monde. Elle est catholique, étant née dans un pays catholique. Elle croit ce qui lui a été enseigné. C'est naturel !

— Docteur, vous parlez comme Zaïre, dit M. Bergeret. *J'eusse été près du Gange*... Au reste, la croyance à l'immortalité de l'âme est vulgaire en Europe, en Amérique et dans une partie de l'Asie. Elle se répand en Afrique avec les cotonnades.

— Tant mieux ! dit le docteur, car elle est nécessaire à la civilisation. Sans elle, les malheureux ne se résigneraient point à leur sort.

— Pourtant, dit M. Bergeret, les coolies chinois travaillent pour un faible salaire. Ils sont patients et résignés, et ils ne sont pas spiritualistes.

— Parce que ce sont des jaunes, dit le docteur Fornerol. Les races blanches ont moins de résignation. Elles conçoivent un idéal de justice et de hautes espérances. Le général Cartier de Chalmot a raison de dire que la croyance à une vie future est nécessaire aux armées. Elle est aussi fort utile dans toutes les transactions sociales. Sans la peur de l'enfer, il y aurait moins d'honnêteté.

— Docteur, demanda M. Bergeret, croyez-vous que vous ressusciterez ?

— Moi, c'est différent, répondit le docteur. Je n'ai pas besoin de croire en Dieu pour être un honnête homme. En matière de religion, comme savant, j'ignore tout ; comme citoyen, je crois tout. Je suis catholique d'État. J'estime que les idées religieuses sont essentiellement moralisatrices, et qu'elles contribuent à donner au populaire des sentiments humains.

— C'est une opinion très répandue, dit M. Bergeret. Et elle m'est suspecte par sa vulgarité même. Les opinions communes passent sans examen. Le plus souvent, on ne les admettrait pas si l'on y faisait attention. Il en est d'elles comme de cet amateur de spectacles qui pendant vingt ans entra à la Comédie-Française en jetant au contrôle ce nom : « feu Scribe ». Un droit d'entrée ainsi motivé ne supporterait pas l'examen. Mais on ne l'examinait pas. Comment penser que les idées religieuses sont essentiellement moralisatrices, quand on voit que l'histoire des peuples chrétiens est tissue de guerres, de massacres et de supplices ? Vous ne voulez pas qu'on ait plus de piété que dans les monastères. Pourtant toutes les espèces de moines, les blanches et les noires, les pies et les capucines se sont souillées des crimes les plus exécrables. Les suppôts de l'Inquisition et les curés de la Ligue étaient pieux, et ils étaient cruels. Je ne parle pas des papes qui ensanglantèrent le monde, parce qu'il n'est pas certain qu'ils croyaient à une autre vie.

III

M. de Terremondre était antisémite en province, particulièrement pendant la saison des chasses. L'hiver, à Paris, il dînait chez des financiers juifs qu'il aimait assez pour leur faire acheter avantageusement des tableaux. Il était nationaliste et antisémite au Conseil général, en considération des sentiments qui régnaient dans le chef-lieu. Mais comme il n'y avait pas de juifs dans la ville, l'antisémitisme y consistait principalement à attaquer les protestants qui formaient une petite société austère et fermée.

— Nous voilà donc adversaires, dit M. de Terremondre ; j'en suis fâché, car vous êtes un homme d'esprit, mais vous vivez en dehors du mouvement social. Vous n'êtes point mêlé à la vie publique. Si vous mettiez comme moi la main à la pâte, vous seriez antisémite.

—Vous me flattez, dit M. Bergeret. Les Sémites qui couvraient autrefois la Chaldée, l'Assyrie, la Phénicie, et qui fondèrent des villes sur tout le littoral de la Méditerranée, se composent aujourd'hui des juifs épars dans le monde et des innombrables peuplades arabes de l'Asie et de l'Afrique. Je n'ai pas le cœur assez grand pour renfermer tant de haines. Le vieux Cadmus était sémite. Je ne peux pourtant pas être l'ennemi du vieux Cadmus.

— Vous plaisantez, dit M. de Terremondre, en retenant son cheval qui mordait les branches des arbustes. Vous savez bien que l'antisémitisme est uniquement dirigé contre les juifs établis en France.

— Il me faudra donc haïr quatre-vingt mille personnes, dit M. Bergeret. C'est trop encore et je ne m'en sens pas la force.

— On ne vous demande pas de haïr, dit M. de Terremondre. Mais il y a incompatibilité entre les Français et les juifs. L'antagonisme est irréductible. C'est une affaire de race.

— Je crois au contraire, dit M. Bergeret, que les juifs sont extraordinairement assimilables et l'espèce d'hommes la plus plastique et malléable qui soit au monde. Aussi volontiers qu'autrefois la nièce de Mardochée entra dans le harem d'Assuérus, les filles de nos financiers juifs épousent aujourd'hui les héritiers des plus grands noms de la France chrétienne. Il est tard, après ces unions, de parler de l'incompatibilité des deux races. Et puis je tiens pour mauvais qu'on fasse dans un pays des distinctions de races. Ce n'est pas la race qui fait la patrie. Il n'y a pas de peuple en Europe qui ne soit formé d'une multitude de races confondues et mêlées. La Gaule, quand César y entra, était peuplée de Celtes, de Gaulois, d'Ibères, différents les uns des autres d'origine et de religion. Les tribus qui plantaient des dolmens n'étaient pas du même sang que les nations qui honoraient les bardes et les druides. Dans ce mélange humain les invasions versèrent des

Germains, des Romains, des Sarrasins, et cela fit un peuple, un peuple héroïque et charmant, la France qui naguère encore enseignait la justice, la liberté, la philosophie à l'Europe et au monde. Rappelez-vous la belle parole de Renan ; je voudrais pouvoir la citer exactement : « Ce qui fait que des hommes forment un peuple, c'est le souvenir des grandes choses qu'ils ont faites ensemble et la volonté d'en accomplir de nouvelles. »

— Fort bien, dit M. de Terremondre ; mais, n'ayant pas la volonté d'accomplir de grandes choses avec les juifs, je reste antisémite.

— Êtes-vous bien sûr de pouvoir l'être tout à fait ? demanda M. Bergeret.

— Je ne vous comprends pas, dit M. de Terremondre.

— Je m'expliquerai donc, dit M. Bergeret. Il y a un fait constant : chaque fois qu'on attaque les juifs, on en a un bon nombre pour soi. C'est précisément ce qui arriva à Titus.

A ce point de la conversation, le chien Riquet s'assit sur son derrière au milieu du chemin et regarda son maître avec résignation.

— Vous reconnaîtrez, poursuivit M. Bergeret, que Titus fut assez antisémite entre les années 67 et 70 de notre ère. Il prit Jotapate et en extermina les habitants. Il s'empara de Jérusalem, brûla le temple, fit de la ville un amas de cendres et de décombres qui, n'ayant plus de nom, reçut quelques années plus tard celui d'Ælia Capitolina. Il fit porter à Rome, dans les pompes de son triomphe, le chandelier à sept branches. Je crois, sans vous faire de tort, que c'est là pousser l'antisémitisme à un point que vous n'espérez pas d'atteindre. Eh bien ! Titus, destructeur de Jérusalem, garda de nombreux amis par les juifs. Bérénice lui fut tendrement attachée, et vous savez qu'il la quitta malgré lui et malgré elle. Flavius Josèphe se donna à lui, et Flavius n'était pas un des moindres de sa nation. Il descendait des rois asmonéens ; il vivait en pharisien austère et écrivait assez correctement le grec. Après la ruine du temple et de la cité sainte, il suivit Titus à Rome et se glissa dans la familiarité de l'empereur. Il reçut le droit de cité, le titre de chevalier romain et une pension. Et ne croyez pas, monsieur, qu'il crût ainsi trahir le judaïsme. Au contraire, il restait attaché à la loi et il s'appliquait à recueillir ses antiquités nationales. Enfin il était bon juif à sa façon et ami de Titus. Or, il y eut de tout temps des Flavius en Israël. Comme vous le dites, je vis fort retiré du monde et étranger aux personnes qui s'y agitent. Mais je serais bien surpris que les juifs, cette fois encore, ne fussent point divisés et qu'on n'en comptât pas un grand nombre dans votre parti.

— Quelques-uns, en effet, sont avec nous, dit M. de Terremondre. Ils y ont du mérite.

— Je le pensais bien, dit M. Bergeret. Et je pense qu'il s'en trouve parmi eux de fort habiles qui réussiront dans l'antisémitisme. On rapportait, il y a une trentaine d'années, le mot d'un sénateur, homme d'esprit, qui admirait chez les juifs la faculté de réussir et qui donnait pour exemple un certain aumônier de cour, israélite d'origine : « Voyez, disait-il, un juif s'est mis dans les curés, et il devenu monsignor. »

Ne restaurons point les préjugés barbares. Ne recherchons pas si un homme est juif ou chrétien, mais s'il est honnête et s'il se rend utile à son pays.

Le cheval de M. Terremondre commençait à s'ébrouer, et Riquet, s'étant approché de son maître, l'invita d'un regard suppliant et doux à reprendre la promenade commencée.

— Ne croyez pas, du moins, dit M. de Terremondre, que j'enveloppe tous les juifs dans un sentiment d'aveugle réprobation. J'ai parmi eux d'excellents amis. Mais je suis antisémite par patriotisme.

Il tendit la main à M. Bergeret et porta son cheval en avant. Il avait repris tranquillement sa route, quand M. Bergeret le rappela :

— Eh ! cher monsieur de Terremondre, un conseil : puisque la paille est rompue, puisque vous et vos amis vous êtes brouillés avec les juifs, faites en sorte de ne rien leur devoir et rendez leur le dieu que vous leur avez pris. Car vous leur avez pris leur dieu !...

IV

MADAME CÉSAIRE

Moi, je suis antisémite de sentiment.

M. BERGERET

Il n'y a pas de raison à opposer à celle-là. Mais le sentiment n'autorise pas l'iniquité. C'est à vous-même que vous faites tort en étant injuste envers les juifs. L'arrêt du Conseil de guerre qui a condamné Dreyfus innocent cause plus de dommage aux juges qu'à leur victime.

MADAME CÉSAIRE

C'est une antipathie qui me vient de naissance.

LE CITOYEN COTON

Ou plutôt ne l'avez-vous pas prise dans les petites histoires saintes qu'on vous donnait à lire quand vous étiez enfant ?

MADAME CÉSAIRE

Je ne crois pas.

M. BERGERET

Du moins avez-vous pu remarquer, madame, que les juifs sont traités avec beaucoup d'amour et beaucoup de haine dans ces menus livres de doctrine chrétienne. Avant Jésus-Christ, ils sont le peuple élu, la nation chérie de Dieu

Bossuet les loue comme jamais rabbin n'osa le faire. Mais après Jésus-Christ tout change. Ils ont accompli le plus grand des crimes ; ils sont des maudits. Le traître Judas devient le symbole de toute leur race. Sans doute vous leur reprochez la mort de votre Dieu.

MADAME CÉSAIRE

A propos! j'ai lu, dans un article très bien fait, que Jésus n'était pas Juif, qu'il était né en terre des gentils, qu'il était aryen. Je m'en doutais. Mais j'ai été bien contente d'en avoir la certitude.

M. BERGERET

Vous croyez, madame, que Jésus n'était pas Juif. Alors que faites-vous des deux généalogies par lesquelles Luc et Mathieu rattachent le Messie à la race de David, pour l'accomplissement des prophéties ?

MADAME CÉSAIRE

Je n'en fais rien. Je suis trop contente que Jésus-Christ ne sois pas Juif.

M. ROMANCEY

Moi je suis ennemi des juifs, et ce n'est pas pour des raisons confessionnelles. Je leur reproche d'être cosmopolites. Et je considère le cosmopolitisme comme le plus grand danger qui menace la France.

M. BERGERET

Si c'est être cosmopolite que d'élire domicile chez tous les peuples, il est vrai que les juifs sont cosmopolites de nature et de tempérament. Ils le furent toujours. Ils l'étaient avant que le délicieux Titus eût grandement favorisé cette inclination naturelle en faisant de la Judée un désert. Mais il faudrait rechercher si les juifs ne sont pas capables de s'attacher à leur patrie adoptive. On reconnaît en France que les juifs d'Allemagne sont Allemands. On reconnaît en Allemagne que les juifs français sont Français.

M. ROMANCEY

Les juifs n'ont pas de patrie. Ils sont agioteurs ou spéculateurs. Ils procèdent au dépouillement méthodique des chrétiens. Cela crève les yeux.

M. BERGERET

Il y a quatre-vingt mille juifs en France. Tous ne sont pas agioteurs. Le plus grand nombre est pauvre. Autrefois, les soirs d'été, en passant par le faubourg Saint-Antoine, je voyais, sur des bancs, autour d'une petite place plantée d'arbres, des juifs déguenillés. Vieillards, femmes, enfants, filles aux noires chevelures, serrés les uns contre les autres, ils montraient, sous l'armée innombrable des étoiles, avec tranquillité une misère antique, d'un éclat oriental.

Ceux-là, toute la journée, travaillaient chez les petits patrons du faubourg ou brocantaient de vieux habits. Je crois qu'ils étaient plus attachés à leur religion que les barons israélites qui tiennent trop de place dans notre société. Mais ils ne procédaient point au dépouillement méthodique des chrétiens. Depuis lors j'ai vécu en province et je ne sais ce que sont devenus ces juifs du Marais. Mais je connais des israélites qui ont voué leur vie à la science et qui, par leurs travaux, honorent la France, notre patrie et la leur. L'un est un des premiers hellénistes du monde, l'autre a fait de grandes découvertes en assyriologie ; un troisième a recherché avec une admirable méthode les lois du langage. On trouve des juifs dans tous les départements du savoir humain. Ceux-là sont aussi étrangers au commerce de l'or qu'Aboulafia le Kabbaliste, qui se livrait à de profonds calculs, non pour établir l'état de sa fortune, car il ne possédait rien, mais pour connaître la valeur numérique du nom de Dieu.

M. ROMANCEY

Je ne m'occupe pas des juifs qui se confinent dans la science. Je m'attaque à la haute banque israélite, qui est cosmopolite par tradition et par intérêt.

M. BERGERET

La haute banque catholique a-t-elle d'autres mœurs ? J'en doute. Je ne vois pas qu'à la Bourse le jeu du chrétien soit différent du jeu de l'israélite.

MADAME CÉSAIRE

J'ai perdu dans les Mines d'or. Mon argent a passé aux juifs. Je ne m'en console pas. Il m'aurait été bien moins pénible d'être dépouillée par des chrétiens. Voyons, est-il possible de subir la loi de l'argent juif? Je m'adresse à vous, monsieur Coton. Nous n'avons pas les mêmes idées en religion et en politique. Vous êtes pour la suppression du budget des cultes, ce qui serait une iniquité monstrueuse, une spoliation. Vous êtes pour la socialisation du capital... C'est comme cela qu'on dit, n'est-ce pas ?...

LE CITOYEN COTON

Oui, madame.

MADAME CÉSAIRE

C'est une chose affreuse ! Quand on a voulu mettre l'impôt sur le revenu, j'en ai été malade... Positivement ! Je connaissais la femme d'un ministre. Je suis allée la trouver. Je me suis jetée à ses genoux. Je lui ai dit : « Madame, ne permettez pas à votre mari d'accomplir cette infamie. » C'est vous dire que nous n'avons pas les mêmes opinions. Mais vous êtes Français, vous êtes Français de race, d'origine, Français de vieille souche...

LE CITOYEN COTON

Je suis fils d'un cordonnier de la Villette et d'une laitière de Palaiseau.

MADAME CÉSAIRE

Eh bien ! est-ce que vous n'éprouvez pas pour le Juif une invincible répulsion ? Est-ce que tout en eux, leur parler, leur aspect, ne vous choque pas ?

LE CITOYEN COTON

Excusez-moi, madame. Je n'ai pas de ces délicatesses. Au sortir de l'École normale, je suis entré à la rédaction d'un journal socialiste. J'écris pour le peuple et je pense comme lui. Le bonhomme Prolo ne hait point un homme pour la forme de son nez. Et puis, permettez-moi de vous le dire : il est affranchi des superstitions qui abêtissent les bourgeois et les rendent méchants. Il ne croit pas que les juifs ont une figure de bouc, des cornes au front et un appendice caudal, qu'ils répandent du sang par le nombril le vendredi saint et qu'ils crucifient un enfant en cérémonie. Il sait qu'il y a des juifs cupides, enrichis par l'usure et l'agio et qui n'ont que des pensées de lucre. Il sait qu'il y a des juifs occupés uniquement de justice et qui consacrèrent leur vie entière à l'affranchissement des prolétaires. Les distinctions de race ne le préoccupent point, parce qu'elles sont chimériques et qu'il vit dans le réel, au dur contact de la nécessité.

MADAME CÉSAIRE

Ah ! si, par exemple ! il y a des ouvriers antisémites ; je les ai vus défiler sur les boulevards, devant le Cercle militaire, un jour de grande manifestation.

LE CITOYEN COTON

Ne vous faites pas d'illusions, madame, le prolétariat ne se soucie point de l'antisémitisme. Il a d'autres chats à fouetter.

M. ROMANCEY

Monsieur Coton, la question sémitique est

une question vitale pour la France. Je suis propriétaire et agriculteur. Je parle en connaissance de cause.

LE CITOYEN COTON

Donc la lutte est entre l'aristocratie territoriale et l'aristocratie financière. C'est une guerre de possédants. L'ouvrier n'a pas à s'en mêler.

M. ROMANCEY

Il y a encore à l'antisémitisme d'autres causes profondes.

M. BERGERET

J'en suis persuadé. L'antisémitisme politique et social, qui se rattache à l'antisémitisme religieux par les ralliés de M. Méline et les moines journalistes de la *Croix*, est fomenté non seulement par l'aristocratie terrienne, agricole, qui ne peut soutenir la concurrence étrangère, s'appauvrit et s'épuise, mais aussi par la petite bourgeoisie arriérée et routinière, qui ne sait pas s'adapter aux formes nouvelles, plus amples, de l'industrie et du commerce. Tout ce monde souffre, et s'en prend au juif qui prospère, et non pas toujours sans insolence.

LE CITOYEN COTON

Tout cela, c'est du battage ! On crie « Sus au juif ! » pour culbuter la République, et se ruer aux places. Le beau monde commence à sentir le besoin d'exercer, sous le Roi, des fonctions lucratives. Il a fortement écopé dans le krach des mines d'or. Les Mines d'or, ç'a été le Panama de l'aristocratie.

M. ROMANCEY

Il y a un fait, c'est que le juif nous dévore. Mais patience ! Nous ne manquons pas d'énergie. On trouvera moyen, un jour, de lui faire rendre gorge, et on le mettra tout nu dehors.

LE CITOYEN COTON

Fort bien ! Mais quand vous aurez dépouillé et chassé Israël, lorsque M. de Rothschild aura vendu sa maison pour un âne, les travailleurs en deviendront-ils plus heureux ? Le régime capitaliste leur sera-t-il plus favorable ? Les patrons leur feront-ils des conditions meilleures ? Le jour de notre émancipation sera-t-il plus proche ? Pourquoi serions-nous antisémites ? Quelles raisons aurions-nous de préférer Rodin à Shylock. Est-il plus agréable d'être dévoré par M. Vautour que d'être croqué par Moïse Geiermann. Nous n'avons rien à voir avec la synagogue, mais nous nous méfions de Notre-Dame-de-l'Usine. La puissance inique de l'argent, voilà le mal. Nous sommes également ennemis du capital juif et du capital chrétien. Nous regardons tranquillement les chrétiens et les sémites lutter pour la galette. Que Jacob dépouille saint Pierre ou que saint Pierre mette la main sur le sac du juif, peu nous importe. Mais il nous sera agréable de voir la richesse se concentrer dans un très petit nombre de mains. Notre mission se trouvera ainsi simplifiée le jour de la grande liquidation.

V

— Il est malheureusement hors de doute, dit M. Bergeret, que les vérités scientifiques qui entrent dans les foules s'y enfoncent comme dans un marécage, s'y noient, n'éclatent point et sont sans force pour détruire les erreurs et les préjugés.

Les vérités de laboratoire, n'ont point d'empire sur la masse du peuple. Je n'en citerai qu'un exemple. Le système de Copernic et de Galilée est absolument inconciliable avec la physique chrétienne. Pourtant vous voyez qu'il a pénétré, en France et partout au monde, jusque dans les écoles primaires, sans modifier de la façon la plus légère les concepts théologiques qu'il devait détruire absolument. Il est certain que les idées d'un Laplace sur le système du monde font paraître la vieille cosmogonie judéo-chrétienne aussi puérile qu'un tableau à horloge fabriqué par quelque ouvrier suisse. Pourtant les théories de Laplace sont clairement exposées depuis près d'un siècle sans que les petits contes juifs ou chaldéens sur l'origine du monde, qui se trouvent dans les livres sacrés des chrétiens, aient rien perdu de leur crédit sur les hommes. La science n'a jamais fait de tort à la religion, et l'on démontrera l'absurdité d'une pratique pieuse sans diminuer le nombre des personnes qui s'y livrent.

Les vérités scientifiques ne sont pas sympathiques au vulgaire. Les peuples vivent de mythologie. Ils tirent de la fable toutes les notions dont ils ont besoin pour vivre. Il ne leur en faut pas beaucoup, et quelques simples mensonges suffisent à dorer des millions d'existences.

L'ARMÉE ET L'AFFAIRE

I

Donc, étant sur le Pont-Neuf, nous entendîmes un roulement de tambour. C'était le ban d'un sergent recruteur, qui, le poing à la hanche, se carrait sur le terre-plein, en avant d'une douzaine de soldats portant des pains et des saucisses enfilés à la baïonnette de leurs fusils. Un cercle de gueux et de marmots le regardaient bouche bée.

— Ce sergent recruteur, me dit mon bon maître, que vous entendez d'ici promettre à ces gueux un sou par jour avec le pain et la viande, m'inspire, mon fils, de profondes réflexions sur la guerre et l'armée. J'ai fait tous les métiers, hors celui de soldat qui m'a toujours inspiré du dégoût et de l'effroi, par les caractères de servitude, de fausse gloire et de cruauté qui y sont attachés, et qui se trouvent les plus contraires à mon naturel pacifique, à mon amour sauvage de la liberté et à mon esprit qui, jugeant sainement de la gloire, estime au juste prix celle de la mousqueterie. Je ne parle point de mon penchant invincible à la méditation qui eût été trop excessivement contrarié par l'exercice du sabre et du fusil. Ne voulant point être César, vous concevrez que je ne veuille point être non plus La Tulipe ou Brin-d'Amour. Et je ne vous cache pas, mon fils, que le service militaire me paraît la plus effroyable peste des nations policées...

Pourtant je crois que si le prince ordonne jamais à tous les citoyens de se faire soldats, il sera obéi, je ne dis pas avec docilité, mais avec allégresse. J'ai observé que le métier le plus naturel à l'homme est le métier de soldat ; c'est celui auquel il est porté le plus facilement par ses instincts et par ses goûts, qui ne sont pas tous bons. Et, hors quelques rares exceptions, dont je suis, l'homme peut être défini un animal à mousquet. Donnez-lui un bel uniforme avec l'espérance d'aller se battre ; il sera content. Aussi faisons-nous de l'état militaire l'état le plus noble, ce qui est vrai dans un sens, car cet état est le plus ancien, et les premiers humains firent la guerre. L'état militaire a cela aussi d'approprié à la nature humaine, qu'on n'y pense jamais, et il est clair que nous ne sommes pas faits pour penser. La pensée est une maladie particulière à quelques individus et qui ne se propagerait pas sans amener promptement la fin de l'espèce. Les soldats vivent en troupe, et l'homme est un animal sociable. Ils portent des habits bleus et blancs, bleus et rouges, gris et bleus, des rubans, des plumets et des cocardes, qui leur donnent sur les filles l'avantage du coq sur la poule. Ils vont en guerre et à la maraude, et l'homme est naturellement voleur, libidineux, destructeur et sensible à la gloire. C'est l'amour de la gloire qui décide surtout nos Français à prendre les armes. Et il est certain que, dans l'opinion, la gloire militaire est la seule éclatante. Il suffit, pour s'en assurer, de lui lire les histoires. La Tulipe semblera excusable de n'être pas plus philosophe que Tite-Live.

Mon bon maître poursuivit en ces termes :

— Il faut considérer, mon fils, que les hommes, liés les uns aux autres, dans la suite des temps, par une chaîne dont ils ne voient que peu d'anneaux, attachent l'idée de noblesse à des coutumes dont l'origine fut humble et barbare. Leur ignorance sert leur vanité. Ils fondent leur gloire sur des misères antiques, et la noblesse des armes sort tout entière de cette sauvagerie des premiers âges dont la Bible et les poètes ont conservé le souvenir. Et qu'est-ce en réalité que cette gentilhommerie militaire, roidie avec tant d'orgueil au-dessus de nous, sinon les restes dégénérés de ces malheureux chasseurs des bois que le poète Lucrèce a peints de telle manière qu'on doute si ce sont des hommes ou des bêtes ? Il est admirable, Tournebroche, mon fils, que la guerre et la chasse, dont la seule pensée nous devrait accabler de honte et de remords en nous rappelant les misérables nécessités de notre nature et notre méchanceté invétérée, puissent au contraire servir de matière à la superbe des hommes, que les peuples chrétiens continuent d'honorer le métier de boucher et de bourreau quand il est ancien dans les familles, et qu'enfin on mesure chez les peuples polis l'illustration des citoyens sur les quantités de meurtres et de carnages qu'ils portent pour ainsi dire dans leurs veines.

— Monsieur l'abbé, demandai-je à mon bon maître, ne croyez-vous pas que le métier des armes est tenu pour noble à cause des dangers qu'on y court et du courage qu'il y faut déployer ?

— Mon fils, répondit mon bon maître, si vraiment l'état des hommes est noble en proportion du danger qu'on y court, je ne craindrais pas d'affirmer que les paysans et les manouvriers sont les plus nobles hommes d'état, car ils risquent tous les jours de mourir de fatigue et de faim. Les périls auxquels les soldats et les capitaines s'exposent sont moindres en nombre comme en durée ; ils ne sont que de peu d'heures pour toute une vie et consistent à affronter les balles et les boulets qui tuent moins sûrement que la misère. Il faut que les hommes soient légers et vains, mon fils, pour donner aux actions d'un soldat plus de gloire qu'aux travaux d'un laboureur et pour mettre les ruines de la guerre à plus haut prix que les arts de la paix...

... Mon fils, ajouta mon bon maître, je vous ferai paraître tout ensemble, dans l'état de ces pauvres soldats qui vont servir le roi, la honte de l'homme et sa gloire. En effet la guerre nous ramène et nous tire à notre brutalité naturelle ; elle est l'effet d'une férocité que nous avons en commun avec les animaux, je ne dis pas seulement les lions et les coqs qui y portent une admirable fierté, mais encore les oiselets, tels que les geais et les mésanges dont les mœurs sont très querelleuses, et même les insectes, guêpes et fourmis, qui se battent avec un acharnement dont les Romains eux-mêmes n'ont pas laissé d'exemple. Les causes principales de la guerre sont les mêmes chez l'homme et chez l'animal, qui luttent l'un et l'autre pour prendre ou conserver la proie, ou pour défendre le nid et la tanière, ou pour jouir d'une compagne. Il n'y a en cela aucune différence, et l'enlèvement des Sabines rappelle parfaitement ces combats de cerfs, qui, la nuit, ensanglantent nos forêts. Nous avons réussi seulement à colorer ces raisons basses et naturelles par les idées d'honneur que nous y répandons sans beaucoup d'exactitude. Si nous croyons aujourd'hui nous battre pour des motifs très nobles, cette noblesse est tout entière logée dans le vague de nos sentiments. Moins le but de la guerre est simple, clair, précis, plus la guerre elle-même est odieuse et détestable. Et s'il est vrai, mon fils, qu'on en soit venu à s'entretuer pour l'honneur, cela est un dérèglement excessif. Nous avons renchéri sur la cruauté des bêtes féroces, qui ne se font point de mal sans raisons sensibles. Et il est vrai de dire que l'homme est plus méchant et plus dénaturé dans ses guerres que les taureaux et que les fourmis dans les leurs. Ce n'est pas tout, et je déteste moins les armées pour la mort qu'elles sèment que pour l'ignorance et la stupidité qui leur font cortège. Il n'est pire ennemi des arts qu'un chef de mercenaires ou de partisans, et d'ordinaire les capitaines ne sont pas mieux formés aux bonnes lettres que leurs soldats. L'habitude d'imposer sa volonté par la force rend un homme de guerre très inhabile à l'éloquence, qui a sa source dans le besoin de persuader. Aussi le militaire affecte-t-il le mépris de la parole et des belles connaissances...

Mon bon maître, à ces mots, s'était arrêté pour souffler ; je lui demandai s'il ne pensait pas qu'il faut beaucoup d'esprit pour gagner des batailles. Il me répondit en ces termes :

— Tournebroche, mon fils, à considérer la difficulté qu'il y a à rassembler et à conduire des armées, les connaissances qu'il faut dans l'attaque ou la défense d'une place et l'habileté qu'exige un bon ordre de bataille, on reconnaîtra aisément qu'un génie presque surhumain tel que celui d'un César est seul capable d'une telle entreprise, et l'on s'étonnera qu'il se soit trouvé des esprits propres à renfermer presque toutes les parties d'un véritable homme de guerre. Un grand capitaine connaît non seulement la figure des pays, mais encore les mœurs, les industries des peuples. Il retient dans sa pensée une infinité de petites circonstances dont il forme ensuite des vues simples et vastes. Les plans qu'il a lentement médités et tracés à l'avance, il peut les changer au milieu de l'action par inspiration soudaine, et il est à la fois très prudent et très audacieux ; sa pensée tantôt chemine avec la sourde lenteur de la taupe, tantôt s'élance du vol de l'aigle. Rien n'est plus vrai. Mais considérez, mon fils, que quand deux armées sont en présence, il faut que l'une d'elles soit vaincue, d'où il suit que l'autre sera nécessairement victorieuse, sans que le chef qui la commande ait toutes les parties d'un grand capitaine et sans même qu'il en ait aucune. Il est, je le veux, des chefs habiles; il en est aussi d'heureux, dont la gloire n'est pas moindre. Comment, dans ces rencontres étonnantes, démêler ce qui est l'effet de l'art et ce qui vient de la fortune? Mais vous m'écartez de mon sujet. Tournebroche, mon fils, je voulais montrer que la guerre est aujourd'hui la honte de l'homme et qu'elle en fut autrefois l'honneur. Etablie sur les empires par nécessité, elle fut la grande éducatrice du genre humain. C'est par elle que les hommes se sont formés à toutes les vertus qui élèvent et soutiennent les cités. C'est par elle qu'ils ont appris la patience, la fermeté, la mépris du danger, la gloire du sacrifice. Le jour où des pâtres ont roulé des quartiers de roc pour en former une enceinte derrière laquelle ils défendirent leurs femmes et leurs bœufs, la première société humaine fut fondée et le progrès des arts assuré. Ce grand bien dont nous jouissons, la patrie, la ville, la chose auguste que les Romains adoraient par-dessus les dieux, l'*Urbs* est fille de la guerre.

La première cité fut une enceinte fortifiée, et c'est dans ce berceau rude et sanglant que furent nourries les lois augustes et les belles industries, les sciences et la sagesse. Et c'est pourquoi le vrai Dieu voulut être nommé le Dieu des armées.

Ce que je vous en dis, Tournebroche, mon fils, n'est pas pour que vous signiez votre engagement à ce sergent recruteur et soyez pris de l'envie de devenir un héros à raison de soixante coups de verge sur le dos par jour, en moyenne.

Aussi bien la guerre n'est-elle plus, dans nos sociétés, qu'un mal héréditaire, un retour lascif à la vie sauvage, une puérilité criminelle. Les princes de ce temps porteront à jamais l'illustre honte d'avoir fait de la guerre le jeu et l'amusement des cours. Il m'est douloureux de penser que nous ne verrons pas la fin de ces carnages concertés.

Quant à l'avenir, à l'insondable avenir, souffrez, mon fils, que je le rêve plus conforme à l'esprit de douceur et d'équité qui est en moi. L'avenir est un lieu commode pour y mettre des songes. C'est là, comme en Utopie, que le sage se plaît à bâtir. Je veux croire que les peuples se feront un jour de paisibles vertus. C'est dans la grandeur croissante des armements que je me flatte de découvrir un lointain présage de paix universelle. Les armées augmentent en force et en nombre. Les peuples entiers y seront un jour engouffrés. Alors le nombre périra par son trop de nourriture. Il crèvera d'obésité.

II

... Ainsi M. Bergeret composait sa tristesse et ses ennuis en songeant que sa vie était étroite, recluse et sans joie, que sa femme avait l'âme vulgaire et n'était plus belle, que ses filles ne l'aimaient pas, et que les combats d'Enée et de Turnus étaient insipides. Il fut distrait de ces pensées par la venue de M. Roux, son élève, qui, faisant son année de service militaire, se présenta au maître en pantalon rouge et capote bleue.

— Hé ! dit M. Bergeret, voici qu'ils ont travesti mon meilleur latiniste en héros !

Et comme M. Roux se défendait d'être un héros :

— Je m'entends, dit le maître de conférences. J'appelle proprement héros un porteur de briquet. Si vous aviez un bonnet à poil, je vous nommerais grand héros. C'est bien le moins qu'on flatte un peu les gens qu'on envoie se faire tuer. On ne saurait les charger à meilleur marché de la commission. Mais puissiez-vous, mon ami, n'être jamais immortalisé par un acte héroïque, et ne devoir qu'à vos connaissances en métrique latine les louanges des hommes ! C'est l'amour de mon pays qui seul m'inspire ce vœu sincère. Je me suis persuadé, par l'étude de l'histoire, qu'il n'y avait guère d'héroïsme que chez les vaincus et dans les déroutes...

... — C'est bien possible, dit M. Roux. Mais il y a autre chose. C'est la joie innée de tirer des coups de fusil. Vous savez, mon cher maître, que je ne suis pas un animal destructeur. Je n'ai pas de goût pour le militarisme. J'ai même des idées humanitaires très avancées, et je crois que la fraternité des peuples sera l'œuvre du socialisme triomphant. Enfin, j'ai l'amour de l'humanité. Mais dès qu'on me fiche un fusil dans la main, j'ai envie de tirer sur tout le monde. C'est dans le sang.

M. Roux était un beau garçon robuste qui s'était vite débrouillé au régiment. Les exercices violents convenaient à son tempérament sanguin. Et comme il était, de plus, excessivement rusé, il avait non pas pris le métier en goût, mais rendu supportable la vie de caserne et conservé sa santé et sa belle humeur.

— Vous n'ignorez pas, cher maître, ajouta-t-il, la force de la suggestion. Il suffit de donner à un homme une baïonnette au bout d'un fusil, pour qu'il l'enfonce dans le ventre du premier venu et devienne, comme vous dites, un héros...

... — Vous êtes un peu bruni, monsieur Roux, dit Mme Bergeret, et, il me semble, un peu maigri. Mais cela ne vous va pas mal.

— Les premiers mois sont fatigants, répondit M. Roux. Evidemment, l'exercice à six heures du matin, dans la cour du quartier, par huit degrés de froid, est pénible, et l'on ne surmonte pas tout de suite les dégoûts de la chambrée. Mais la fatigue est un grand remède et l'abêtissement une précieuse ressource. On vit dans une stupeur qui fait l'effet d'une couche d'ouate. Comme on ne dort, la nuit, que d'un sommeil à tout moment interrompu, on n'est pas bien éveillé le jour. Et cet état d'automatisme léthargique où l'on demeure est favorable à la discipline, conforme à l'esprit militaire, utile au bon ordre physique et moral des troupes.

III

...— Sans manquer au loyalisme qui m'attache à la maison de Savoie, dit le commandeur Aspertini, je reconnais que le service militaire et l'impôt importunent assez le peuple de Naples pour lui faire regretter parfois le bon temps du roi Bomba et la douceur de vivre sans gloire sous un gouvernement léger. Il n'aime ni payer ni servir. Un législateur doit mieux comprendre les nécessités de la vie nationale. Mais vous savez que, pour ma part, j'ai toujours combattu la politique des mégalomanes et que je déplore ces grands armements qui arrêtent tout progrès intellectuel, moral et matériel dans l'Europe continentale. C'est une grande folie, et ruineuse, qui finira dans le ridicule.

— Je n'en prévois pas la fin, répondit M. Bergeret. Personne ne la désire, hors quelques sages sans force et sans voix. Les chefs d'Etat ne peuvent souhaiter le désarmement qui rendrait leur fonction difficile et mal sûre, et leur ferait perdre un admirable instrument de règne. Car les nations armées se laissent conduire avec docilité. La discipline militaire les forme à l'obéissance et l'on ne craint chez elle ni insurrections, ni troubles, ni tumultes d'aucune sorte. Quand le service est obligatoire pour tous, quand tous les citoyens sont soldats ou le furent, toutes les forces sociales se trouvent disposées de manière à protéger le pouvoir, ou même son absence, comme on l'a vu en France.

M. Bergeret en était à ce point de ses considérations politiques lorsque éclata, du côté de la cuisine prochaine, un bruit de graisses répandues sur un brasier ; le maître de conférences en induisit que la jeune Euphémie avait, selon la coutume des jours de gala, renversé sa casserole dans le fourneau après l'y avoir imprudemment dressée sur une pyramide de charbons. Il reconnut qu'un tel fait se produisait avec la rigueur inexorable des lois qui gouvernent le monde. Une exécrable odeur de graillon pénétra dans le cabinet de travail, et M. Bergeret poursuivit en ces mots le cours de ses idées :

— Si l'Europe n'était pas en caserne, on y verrait, comme autrefois, des insurrections éclater, soit en France, soit en Allemagne ou en Italie. Mais les forces obscures qui, par moments, soulèvent les pavés des capitales, trouvent aujourd'hui un emploi régulier dans les corvées de quartier, le pansement des chevaux et le sentiment patriotique.

Le grade de caporal donne une issue convenablement ménagée à l'énergie des jeunes héros qui, libres, eussent fait des barricades pour se dégourdir les bras. En blouse, ces héros aspireraient à la liberté. Portant l'uniforme, ils aspirent à la tyrannie et font régner l'ordre. La paix intérieure est facile à maintenir dans les nations armées, et vous remarquerez que si, dans le cours de ces vingt-cinq dernières années, Paris, une fois, s'est quelque peu agité, c'est que le mouvement avait été communiqué par un ministre de la guerre. Un général avait pu faire ce qu'un tribun n'aurait pas fait. Et quand ce général fut détaché de l'armée, il le fut en même temps de la nation et perdit sa force. Que l'État soit monarchie, empire ou république, ses chefs ont donc intérêt à maintenir le service obligatoire pour tous, afin de conduire une armée au lieu de gouverner une nation.

Le désarmement, qu'ils ne souhaitent pas, n'est pas désiré non plus par les peuples. Les peuples supportent très volontiers le service militaire qui, sans être délicieux, correspond à l'instinct violent et ingénu de la plupart des hommes, s'impose à eux comme l'expression la plus simple, la plus rude et la plus forte du devoir, les domine par la grandeur et l'éclat de l'appareil, par l'abondance du métal qui y est employé, les exalte enfin par les seules images de puissance, de grandeur et de gloire qu'ils soient capables de se représenter. Ils s'y ruent en chantant; sinon, ils y sont mis de force. Aussi ne vois-je pas la fin de cet état honorable qui appauvrit et abêtit l'Europe.

— Il y a deux portes pour en sortir, répondit le commandeur Aspertini : la guerre et la banqueroute.

— La guerre ! réplique M. Bergeret. Il est visible que les grands armements la retardent en la rendant trop effrayante et d'un succès incertain pour l'un et l'autre adversaire. Quant à la banqueroute, je la prédisais l'autre jour, sur un banc du mail, à M. l'abbé Lantaigne, supérieur du grand séminaire. Mais il ne faut pas m'en croire. Vous avez trop étudié l'histoire du Bas-Empire, cher monsieur Aspertini, pour savoir ce qu'il y a, dans les finances des peuples, de ressources mystérieuses, dont la connaissance échappe aux économistes. Une nation ruinée peut vivre cinq cents ans d'exactions et de rapines, et comment supputer ce que la misère d'un grand peuple fournit de canons, de fusils, de mauvais pain, de mauvais souliers, de paille et d'avoine à ses défenseurs ?

IV

M. Panneton de la Barge avait des yeux à fleur de tête et une âme à fleur de peau. Et comme sa peau était luisante, on lui voyait une âme grasse. Il faisait paraître en toute sa personne de l'orgueil avec de la rondeur et une fierté qui semblait ne pas craindre d'être importune. M. Bergeret soupçonna que cet homme venait lui demander un service.

Ils s'étaient connus en province. Le professeur voyait souvent dans ses promenades, au bord de la lente rivière, sur un vert coteau, les toits d'ardoise fine du château qu'habitait M. de la Barge avec sa famille. Il voyait moins souvent M. de la Barge, qui fréquentait la noblesse de la contrée, sans être lui-même assez noble pour se permettre de recevoir les petites gens. Il ne connaissait M. Bergèret, en province, qu'aux jours critiques où l'un de ses fils avait un examen à passer. Cette fois, à Paris, il voulait être aimable et il y faisait effort :

— Cher Monsieur Bergeret, je tiens tout d'abord à vous féliciter...

— N'en faites rien, je vous prie, répondit M. Bergeret avec un petit geste de refus, que M. de la Barge eut grand tort de croire inspiré par la modestie.

— Je vous demande pardon, Monsieur Bergeret ; une chaire à la Sorbonne, c'est une position très enviée... et qui convient à votre mérite.

— Comment va votre fils Adhémar ? — demanda M. Bergeret, qui se rappelait ce nom comme celui d'un candidat au baccalauréat qui avait intéressé à sa faiblesse toutes les puissances de la société civile, ecclésiastique et militaire.

— Adhémar ? Il va bien. Il va très bien. Il fait un peu la fête. Qu'est-ce que vous voulez ? Il n'a rien à faire. Dans un certain sens, il vaudrait mieux qu'il eût une occupation. Mais il est bien jeune. Il a le temps. Il tient de moi : il deviendra sérieux quand il aura trouvé sa voie.

— Est-ce qu'il n'a pas un peu manifesté à Auteuil? demanda M. Bergeret avec douceur.

— Pour l'armée, pour l'armée, répondit M. Panneton de la Barge. Et je vous avoue que je n'ai pas eu le courage de l'en blâmer. Que voulez-vous? Je tiens à l'armée par mon beau-père le général, par mes beaux-frères, par mon cousin le commandant...

Il était bien modeste de ne pas nommer son père Panneton, l'aîné des frères Panneton, qui tenait aussi à l'armée par les fournitures, et qui, pour avoir livré aux mobiles de l'armée de l'Est, qui marchaient dans la neige, des souliers à semelle de carton, avait été condamné en 1872, en police correctionnelle, à une peine légère avec des considérants accablants, et était mort, dix ans après, dans son château de la Barge, riche et honoré.

— J'ai été élevé dans le culte de l'armée, poursuivit M. Panneton de la Barge. Tout enfant, j'avais la religion de l'uniforme. C'était une tradition de famille. Je ne m'en cache pas, je suis un homme de l'ancien régime. C'est plus fort que moi, c'est dans le sang. Je suis monarchiste et autoritaire de tempérament. Je suis royaliste. Or, l'armée, c'est tout ce qui nous reste de la monarchie. C'est tout ce qui subsiste d'un passé glorieux. Elle nous console du présent et nous fait espérer en l'avenir.

M. Bergeret aurait pu faire quelques observations d'ordre historique; mais il ne les fit pas, et M. Panneton de la Barge conclut:

— Voilà pourquoi je tiens pour criminels

ceux qui attaquent l'armée, pour insensés ceux qui oseraient y toucher.

— Napoléon, répondit le professeur, pour louer une pièce de Luce de Lancival, disait que c'était une tragédie de quartier général. Je puis me permettre de dire que vous avez une philosophie d'état-major. Mais puisque nous vivons sous le régime de la liberté, il serait peut-être bon d'en prendre les mœurs. Quand on vit avec des hommes qui ont l'usage de la parole, il faut s'habituer à tout entendre. N'espérez pas qu'en France aucun sujet désormais soit soustrait à la discussion. Considérez aussi que l'armée n'est pas immuable ; il n'y a rien d'immuable au monde. Les institutions ne subsistent qu'en se modifiant sans cesse. L'armée a subi de telles transformations dans le cours de son existence, qu'il est probable qu'elle changera encore beaucoup à l'avenir, et il est croyable que, dans vingt ans, elle sera tout autre chose que ce qu'elle est aujourd'hui.

— J'aime mieux vous le dire tout de suite, répliqua M. Panneton de la Barge. Quand il s'agit de l'armée, je ne veux rien entendre. Je le répète, il n'y faut pas toucher. C'est la hache. Ne touchez pas à la hache. À la dernière session du Conseil général que j'ai l'honneur de présider, la minorité radicale-socialiste émit un vœu en faveur du service de deux ans. Je me suis élevé contre ce vœu antipatriotique. Je n'ai pas eu de peine à démontrer que le service de deux ans, ce serait la fin de l'armée. On ne fait pas un fantassin en deux ans. Encore moins un cavalier. Ceux qui réclament le service de deux ans, vous les appelez des réformateurs, peut-être ; moi, je les appelle des démolisseurs. Et il en est de toutes les réformes qu'on propose comme de celle-là. Ce sont des machines dressées contre l'armée. Si les socialistes avouaient qu'ils veulent la remplacer par une vaste garde nationale, ce serait plus franc.

— Les socialistes, répondit M. Bergeret, contraires à toute entreprise de conquête territoriales, proposent d'organiser les milices uniquement en vue de la défense du sol. Ils ne le cachent pas ; ils le publient. Et ces idées valent bien peut-être qu'on les examine. N'ayez pas peur qu'elles soient trop vite réalisées. Tous les progrès sont incertains et lents, et suivis le plus souvent de mouvements rétrogrades. La marche vers un meilleur ordre de choses est indécise et confuse. Les forces innombrables et profondes qui rattachent l'homme au passé lui en font chérir les erreurs, les superstitions, les préjugés et les barbaries, comme des gages précieux de sa sécurité. Toute nouveauté bienfaisante l'effraye. Il est imitateur par prudence, et il n'ose pas sortir de l'abri chancelant qui a protégé ses pères et qui va s'écrouler sur lui.

» N'est-ce pas votre sentiment, monsieur Panneton ? ajouta M. Bergeret, avec un charmant sourire.

M. Panneton de la Barge répondit qu'il défendait l'armée. Il la représenta méconnue, persécutée, menacée. Et il poursuivit d'une voix qui s'enflait :

— Cette campagne en faveur du traître, cette campagne si obstinée et si ardente, quelles que soient les intentions de ceux qui la mènent, l'effet en est certain, visible, indéniable. L'armée en est affaiblie, ses chefs en sont atteints.

— Je vais maintenant vous dire des choses extrêmement simples, répondit M. Bergeret. Si l'armée est atteinte dans la personne de quelques-uns de ses chefs, ce n'est point la faute de ceux qui ont demandé la justice c'est la faute de ceux qui l'ont si longtemps refusée ; ce n'est pas la faute de ceux qui ont exigé la lumière, c'est la faute de ceux qui l'ont dérobée obstinément avec une imbécillité démesurée et une scélératesse atroce. Et enfin, puisqu'il y a eu des crimes, le mal n'est point qu'ils soient connus, le mal est qu'ils aient été commis. Ils se cachaient dans leur énormité et leur difformité même. Ce n'était pas des figures reconnaissables. Ils ont passé sur les foules comme des nuées obscures. Pensiez-vous donc qu'ils ne crèveraient pas ? Pensiez-vous que le soleil ne luirait plus sur la terre classique de la justice, dans le pays qui fut le professeur de droit de l'Europe et du monde ?

— Ne parlons pas de l'Affaire, répondit M. de La Barge. Je ne la connais pas. Je ne veux pas la connaître. Je n'ai pas lu une ligne de l'enquête. Le commandant de la Barge, mon cousin, m'a affirmé que Dreyfus était coupable. Cette affirmation m'a suffi... Je venais, cher monsieur Bergeret, vous demander un conseil. Il s'agit de mon fils Adhémar, dont la situation me préoccupe. Un an de service militaire, c'est déjà bien long pour un fils de famille. Trois ans, ce serait un véritable désastre. Il est essentiel de trouver un moyen d'exemption. J'avais pensé à la licence ès lettres,.. je crains que ce ne soit trop difficile. Adhémar est intelligent. Mais il n'a pas de goût pour la littérature.

— Eh bien! dit M. Bergeret, essayez de l'École des hautes études commerciales, ou de l'Institut commercial, ou de l'École de commerce. Je ne sais si l'École d'horlogerie de Cluses fournit encore un motif d'exemption. Il n'était pas difficile, m'a-t-on dit, d'obtenir le brevet.

— Adhémar ne peut pourtant faire des montres, dit M. de La Barge avec quelque pudeur.

— Essayez de l'École des langues orientales, dit obligeamment M. Bergeret. C'était excellent à l'origine.

— C'est bien gâté depuis, soupira M. de La Barge.

— Il y a encore du bon. Voyez un peu dans le tamoul.

— Le tamoul, vous croyez ?

— Ou le malgache.

— Le malgache, peut-être.

— Il y a aussi une certaine langue polynésienne qui n'était plus parlée, au commencement de ce siècle, que par une vieille femme jaune. Cette femme mourut laissant un perroquet. Un savant allemand recueillit quelques mots de cette langue sur le bec du perroquet. Il en fit un lexique. Peut-être ce lexique est-il enseigné à l'École des langues orientales. Je conseille vivement à M. votre fils de s'en informer.

Sur cet avis, M. Panneton de La Barge salua et se retira pensif.

V

Comme on parlait de l'Affaire chez Paillot, dans le coin des bouquins, M. Bergeret, qui avait l'esprit spéculatif, exprima des idées qui ne correspondaient point au sentiment public.

— Le huis clos, dit-il, est une pratique détestable.

Et comme M. de Terremondre lui objectait la raison d'État, il répliqua :

— Nous n'avons point d'État. Nous avons des administrations. Ce que nous appelons la raison d'État, c'est la raison des bureaux. On nous dit qu'elle est auguste. En fait, elle permet à l'administration de cacher ses fautes et de les aggraver.

M. Mazure dit avec solennité :

— Je suis républicain, jacobin, terroriste... et patriote. J'admets qu'on guillotine les généraux, mais je ne permets pas qu'on discute les décisions de la justice militaire.

— Vous avez raison, dit M. de Terremondre, car si une justice est respectable, c'est bien celle-là. Et je puis vous assurer, connaissant l'armée, qu'il n'y a pas de juges aussi indulgents et aussi capables de pitié que les juges militaires.

— Je suis heureux de vous l'entendre dire, répliqua M. Bergeret. Mais l'armée étant une administration comme l'agriculture, les finances ou l'instruction publique, on ne conçoit pas qu'il existe une justice militaire quand il n'existe ni justice agricole, ni justice financière, ni justice universitaire. Toute justice particulière est en opposition avec les principes du droit moderne. Les prévôtés militaires paraîtront à nos descendants aussi gothiques et barbares que nous paraissent à nous les justices seigneuriales et les officialités.

— Vous plaisantez, dit M. de Terremondre.

— C'est ce qu'on a dit à tous ceux qui ont prévu l'avenir, répondit M. Bergeret.

— Mais si vous touchez aux conseils de guerre, s'écria M. de Terremondre, c'est la fin de l'armée, c'est la fin du pays !

M. Bergeret fit cette réponse :

— Quand les abbés et les seigneurs furent privés du droit de pendre des vilains, on crut aussi que c'était la fin de tout. Mais on vit bientôt naître un nouvel ordre, meilleur que l'ancien. Je vous parle de soumettre le soldat, en temps de paix, au droit commun. Croyez-vous que depuis Charles VII, ou seulement depuis Napoléon, l'armée française n'ait pas subi de plus grands changements que celui-là ?

— Moi, dit M. Mazure, je suis un vieux jacobin, je maintiens les conseils de guerre et je place les généraux sous l'autorité d'un comité de salut public. Il n'y a rien de tel pour les décider à remporter des victoires.

— C'est une autre question, dit M. de Terremondre. Je reviens à ce qui nous occupe, et je demande à M. Bergeret s'il croit, de bonne foi, que sept officiers ont pu se tromper.

— Quatorze ! s'écria M. Mazure.

— Quatorze, reprit M. de Terremondre.

— Je le crois, répondit M. Bergeret.

— Quatorze officiers français ! s'écria M. de Terremondre.

— Oh ! dit M. Bergeret, ils auraient été suisses, belges, espagnols, allemands ou néerlandais, qu'ils auraient pu se tromper tout autant.

— Ce n'est pas possible, s'écria M. de Terremondre.

Le libraire Paillot secoua la tête, pour exprimer qu'à son avis aussi, c'était impossible. Et le commis Léon regarda M. Bergeret avec une surprise indignée.

— Je ne sais si vous serez jamais éclairés fit doucement M. Bergeret. Je ne le pense pas, quoique tout soit possible, même le triomphe de la vérité.

— Vous voulez parler de la revision, dit M. de Terremondre. Cela, jamais ! La revision, vous ne l'aurez pas. Ce serait la guerre. Trois ministres et vingt députés me l'ont dit.

— Le poète Bouchor, répondit M. Bergeret, nous enseigne qu'il vaut mieux endurer les maux de la guerre que d'accomplir une action injuste. Mais vous n'êtes point dans cette alternative, messieurs, et l'on vous effraye avec des mensonges.

Au moment où M. Bergeret prononçait ces paroles, un grand tumulte éclata sur la place. C'était une bande de petits garçons qui passaient en criant : « A bas Zola ! Mort aux Juifs ! » Ils allaient casser des carreaux chez le bottier Meyer qu'on croyait israélite, et les bourgeois de la ville les regardaient avec bienveillance.

VI

PAROLES PRONONCÉES A UN MEETING

Citoyens,

Nous sommes ici pour la défense de la justice, nous sommes ici pour réclamer la réparation éclatante des iniquités commises. Nous sommes ici pour nous opposer à ce qu'on en commette de nouvelles, plus monstrueuses que les premières.

Quelle force opposons-nous à nos adversaires ? Quels moyens employons-nous pour obtenir satisfaction ? La force de la pensée, la puissance de la raison.

La pensée, un souffle, mais un souffle qui renverse tout. La raison qui, combattue et méprisée, finit toujours par prévaloir, parce qu'on ne peut vivre sans elle.

Nous aurons raison, parce que nous avons raison.

Après qu'un conseil de guerre a condamné un innocent et qu'un deuxième conseil de guerre a acquitté un coupable, condamnant ainsi l'innocent pour la deuxième fois, il ne faut pas qu'un troisième conseil de guerre confirme deux sentences iniques par une troisième plus inique encore, et frappe un homme coupable d'aimer la vérité d'un amour héroïque, coupable de s'être donné tout entier à une juste cause.

Avoir tout sacrifié à la paix de la conscience éveillée, c'est là le crime du colonel Picquart. Il lui assure l'estime de la France et du monde. La lumière vient. Picquart triomphera dans la lumière.

Mais si nous sommes certains du succès définitif de l'œuvre que nous accomplissons ici, nous redoutons avec trop de raison les effets de cet esprit d'imprudence qui entraîne nos adversaires aux abîmes. Nous redoutons une dernière iniquité, ou une suprême erreur. Nous la redoutons, non pour le colonel Picquart qui grandit dans l'épreuve, mais pour ses juges, pour la patrie, pour l'humanité tout entière. Nous pouvons tout craindre : on nous en a donné le droit. Cette semaine encore, ne nous est-il pas venu, du côté des accusateurs de Picquart, un exemple frappant d'abenration ? N'avons-nous pas entendu un général Mercier traiter d'arguties byzantines les clameurs de la pensée française, indignée contre l'injustice et le mensonge ?

De toutes parts, à cet ancien ministre renié par ses collègues, on crie : « Vous êtes véhémentement soupçonné d'avoir livré l'innocent et de l'avoir fait condamner sans défense, par une fraude indigne, d'avoir enfin commis le crime de forfaiture. » Et cet homme, que trouve-t-il à répondre ? Que ce sont là des arguties byzantines ! Il ne se justifie point, il ne s'excuse point, il ne s'indigne point, il ne se tait point et, craignant également de nier et d'avouer, il essaye de nous faire peur et il nous menace de périls imaginaires qui, s'ils étaient réels, seraient son propre ouvrage et l'ouvrage de ses pareils.

Citoyens,

A un tel trouble mental, dont nous pourrions citer bien d'autres exemples, opposons la raison, l'inébranlable raison. Disons aux ennemis de la vérité, qui sont aussi les ennemis de l'armée et de la patrie, disons-leur : Ne soutenez plus cet édifice croulant de mensonges, qui va tomber sur vous. Les poursuites dirigées contre Picquart sont tellement monstrueuses, que l'acquittement même ne serait pas une réparation suffisante. Cessez, sortez de l'absurde et du faux. Entendez, comprenez. Avertis par les premiers éclairs qui déchirent les nuées, reculez devant l'orage qui vient.

Et vous, citoyens, réunis ici pour la défense du droit, ne faites entendre que le langage de la justice et de la raison. Mais faites-le entendre avec un bruit de tonnerre.

VII

LETTRE ÉCRITE DE HOLLANDE

Rotterdam. Dans une odeur de marée et d'épices, sous un ciel gris, où les nuages traînent lourdement comme de gros oreillers, les bateaux de forme ancienne dressent dans les canaux la futaie grêle et sèche des mâts et des espars. Les maisons étroites, aux pignons en escaliers ou en accolades, sont celles qu'on voit dans les tableaux des vieux maîtres. La ville a conservé sa figure du dix-septième siècle, sa physionomie du temps où le café et le tabac commençaient à venir en Europe. Bordée de quais où s'entassent les marchandises, entourée de chantiers et d'usines, elle garde, dans l'activité moderne, l'antique simplicité batave.

La place du Grand-Marché, sous laquelle passe un canal, est ombragée de beaux ormes, dont le feuillage opaque se mêle, dans le ciel fin, aux gréements des bateaux.

Là, ce matin, devant la vieille statue d'Érasme, des marchandes, coiffées d'un chapeau noir sur un bonnet blanc, avec deux grosses boules d'or aux tempes, étalent des poissons sortis tout irisés et nacrés de la mer, royaume des couleurs lumineuses et des phosphorescences mystérieuses.

Là aussi, parmi les ferrailles, brillent ces grands pots de cuivre étincelants que Karel Dujardin met sur la tête de ses laitières, qui troussent leur jupe pour passer le gué. On trouve même sur ce marché des bouquins dont l'aspect vous eût réjoui, mon cher Bergeret. Et j'ai acquis pour vous, au prix de deux florins, un *Grotius* in-folio, recouvert d'une vénérable peau de truie. Tandis que, songeant à ces grands humanistes de la Renaissance, qui se rendaient, chaque année, à la foire aux livres, dans ces villes de Hollande et d'Allemagne, je faisais affaire avec le libraire ambulant, un colporteur, près de moi, offrait des chemises de toile, en chantant, sur un air de complainte, des vers hollandais à lourdes rimes. Tout à coup, il interrompit son chant mercantile pour interpeller vivement le professeur Caspar Esselens, mon hôte et mon ami, qui, de sa maisonnette entourée de fleurs, m'avait accompagné jusqu'au Grand-Marché. Je vis qu'il me montrait du doigt et j'entendis qu'il prononçait le nom de Dreyfus.

— Reconnaissant à votre parler que vous êtes Français, me dit le professeur Caspar Esselens, il voudrait savoir de vous si la grande iniquité ne sera point réparée. Mais je ne vous cache pas qu'il craint que vous ne soyez un ennemi de Dreyfus et un de ces Français qui ne veulent point être justes, et à qui il ne saurait donner la bienvenue.

J'examinai le colporteur. C'était un très vieux Hollandais, hâlé comme un matelot.

Il avait de gros yeux clairs ; de longues peaux inertes lui tombaient des joues ; une touffe blanche de poils de bouc pendait à son menton. Il ressemblait au président Krüger, tel qu'on le voit sur son portrait dans les journaux anglais. Un tricot de laine enveloppait son corps maigre et robuste.

— Ce pauvre homme, m'écriai-je, s'occupe aussi de l'Affaire.

— Il n'y a personne dans notre ville qui ne s'y intéresse, me répondit le professeur Caspar Esselens. C'est la conversation de nos déchargeurs du port comme de nos magistrats. N'avez-vous pas vu les portraits de Picquart et de Zola à la vitrine de tous les libraires ? les bulletins du procès de Rennes affichés à la fenêtre de toutes les boutiques de tabac ? et, dans nos beaux magasins de la Hoogstraat, des cartes postales, des boutons de manchettes, des pipes, des étuis, une multitude de menus objets décorés de figures en l'honneur des défenseurs de la justice ? Ne savez-vous point que nous avons envoyé une adresse à Labori ? Les sentiments ici ne sont point partagés en deux sens contraires. L'innocence de Dreyfus et le crime d'Esterhazy éclatent à tous les yeux. Et, parce que nous aimons la France, son égarement, qui nous causa une pénible surprise, nous plonge dans une profonde tristesse. Ne vous étonnez pas si un marchand qui vend des chemises aux paysans est ainsi soucieux des intérêts de la justice. En Hollande, les gens du peuple sont instruits et moraux. L'Evangile est rapproché d'eux et familier, dans leurs livres de piété comme dans ces tableaux de Rembrandt où les paraboles sont mises en action par des Hollandais, tels qu'on en voit sur le Dam, dans les boutiques et au moulin.

Cependant, le colporteur se mit à me parler avec véhémence ; et il me sembla que, de sa gorge rouillée par l'air humide de la digue, sortaient des paroles de blâme et d'adjuration.

— Dites-lui, monsieur Esselens, que je suis un ami de Picquart et de Zola.

Ayant reçu ce bon avis, le colporteur réfléchit avec la lenteur des vieux et des simples, qui mâchent lentement leur pensée comme leur nourriture. Puis il me tendit la main.

Je ne crois pas que ce vieillard ait été payé par l'or juif. Je ne crois pas que mon ami, le professeur Caspar Esselens, qui a acquis par déduction, comme il le dit, la certitude scientifique de l'innocence de Dreyfus, soit un ennemi de la France. Je ne crois pas que la Hollande soit vendue au Syndicat, ni l'Europe. Car c'est l'Europe, c'est le monde entier qu'il eût fallu acheter. Ou bien, c'est le monde entier qui se rencontrerait dans une haine inconcevable de la France. L'Angleterre, égoïste et affairée, l'Allemagne, qui ne songe qu'à vivre en paix avec nous pour chercher au loin des débouchés à sa production hâtive, énorme, déjà surabondante ; la faible Autriche, à l'exception des antisémites qui pullulent à Vienne (car la maladie de l'antisémitisme, qui ne prend pas sur les peuples robustes, s'attaque aux nations malades) ; la

Belgique, le Danemark, la Suisse, races sensées, d'esprit libéral ; l'Italie, la Russie, l'Amérique : tous les habitants du monde enfin, malgré la diversité de leurs génies et de leurs mœurs, de leurs croyances et de leurs habitudes, jugent cette affaire de la même manière et proclament l'innocence du condamné de 1894. Et l'on veut que le sentiment unanime du monde entier dépende d'un syndicat juif qu'on n'a jamais pu découvrir, et que tous les peuples de la terre conspirent pour sauver un petit capitaine israélite français ! Qui sont donc ces juifs qui achètent l'univers, quand leurs plus riches coreligionnaires de France gardent leur or, ou bien le mettent dans les journaux des jésuites et de l'état-major ? Une si niaise imagination a dû naître dans la loge où le Uhlan dînait avec la fille Pays, et c'est là, sans doute, dans les balayures de la concierge, qu'un général l'a ramassée pour la porter à la barre d'un Conseil de guerre.

Puisqu'il y a une conjuration des peuples, comment ne pas voir que c'est la conjuration de la conscience humaine ? Comment ne pas voir que, si tout ce qui est doué d'intelligence et de sentiment sur la planète se tourne vers le capitaine Dreyfus, c'est que cet être imperceptible, ce rien humain, est devenu le symbole de l'humanité souffrante et que l'humanité entière se sent offensée en lui ? Et comment ne pas voir que cette unanimité résulte des conditions mêmes dans lesquelles s'exercent l'intelligence et la raison, qui en définitive gouvernent les hommes, et que c'est partout la même pensée, parce que la pensée, dans son ensemble, obéit partout aux mêmes lois ?

Si l'on pense dans la planète Mars, si l'on pense dans le monde énorme et lointain de Sirius et si l'on y reçoit des nouvelles de notre monde terraqué, on y croit à l'innocence de Dreyfus, comme on y croit que la somme des trois angles d'un triangle est égale à deux angles droits.

Ayant mené ces réflexions sur le pavé du Grand-Marché, parmi les blondes et rondes ménagères, je me trouvai au pied de la statue de bronze qui figure Erasme de Rotterdam, debout, en bonnet carré et en robe fourrée, tenant dans ses mains un gros livre ouvert.

Le professeur Caspar Esselens, qui commente avec beaucoup de savoir et de goût les tragédies d'Euripide, ne craint point, en bon Hollandais, les grosses plaisanteries nationales. Il m'en fit une qui a pour elle l'autorité d'une longue tradition bourgeoise.

— Regardez bien la statue, me dit-il, et prenez patience. La main tournera le feuillet, quand l'heure sonnera.

Ce bon Erasme, établi maintenant dans sa ville, pour ne la plus jamais quitter, après avoir, en son temps, visité beaucoup de villes, beaucoup lu et beaucoup écrit, enseigné les lettres antiques, et châtié les mœurs en souriant, se montre si simple et si familier encore sur son socle glorieux, il a un tel air de bonhomie dans sa finesse, que, volontiers, j'aurais osé prendre quelques libertés avec lui. L'envie me venait de lui adresser la parole et de l'engager dans un de ces colloques qu'il menait, en son vivant, avec tant d'élégance et de raison. Pour un peu, je lui aurais dit avec un grand salut :

— Docteur, tu connaissais les moines et ne les aimais pas. Tu les savais ignares, libidineux, paresseux et gourmands. Les nôtres sont d'une nouvelle espèce. Je crois qu'ils te déplairaient davantage si tu les voyais travailler, avec des militaires, à l'abêtissement d'une grande nation qui, dans le siècle dernier, fut instruite dans la sagesse et dans la tolérance par des hommes excellents dont le plus illustre avait tes traits et ton sourire et autant d'esprit que toi. Ce peuple français, chez qui tu vins étudier en ta jeunesse, a été grandement berné, tympanisé et dindonné de nos jours par un quarteron de bureaucrates chamarrés. Ah ! docteur, la dame au bonnet vert à qui tu dictas d'ironiques discours, qu'on lit encore, agite précisément à cette heure, sur mes compatriotes assourdis, plus de sonnettes que n'en contenait la marotte que tu mis en sa main, plus de grelots que n'en eut jamais la mule espagnole qui te porta ton diplôme de conseiller de l'empereur Charles-Quint. On a persuadé aux coquebins, fort nombreux en tous pays et même en France, qu'il était honorable et profitable de maintenir un innocent au bagne afin de ne pas déplaire à un général qui l'a fait condamner frauduleusement, et qu'on admire pour avoir fait périr six mille soldats français dans une expédition contre des sauvages nus et sans armes. Croyais-tu, docteur, que la folie pût aller jusque-là ?

Voilà ce que j'aurais peut-être osé dire respectueusement à Erasme de Rotterdam, quand les onze heures sonnèrent au cadran de Groote Kerk. Alors le professeur Caspar Esselens me dit avec un rire candide :

— Onze heures ! Il n'a pas tourné le feuillet. C'est qu'il n'a pas entendu. Il est sourd.

Et je songeai :

« Tant mieux pour lui ! Heureux les sourds ! Ils n'entendent pas ces militaires mentir sous serment, pour l'honneur de l'armée. Ils n'entendent pas l'apologie forcenée des imposteurs et des faussaires. Ils n'entendent pas ces cris de mort aux juifs et de haine aux étrangers poussés dans les rues d'une ville qui convie les peuples aux fêtes d'une Exposition universelle. »

Le professeur Caspar Esselens me prit par le bras et me dit doucement :

— Croyez-moi, cher ami, les Français ont tort d'accueillir avec défiance et mépris toute pensée et toute opinion venue du dehors. Ils méconnaissent les conditions nécessaires de l'existence sur la planète. L'échange des idées est aussi indispensable aux peuples que l'échange des substances. Autrefois, la France comprenait cette vérité ; d'où vient qu'elle ne la comprend plus ?

Il tira de sa poche un cigare enveloppé d'or comme une momie royale de Thèbes et qu'il n'avait pas payé plus de dix cents ; il l'alluma et reprit du ton le plus cordial :

— Il était bien naturel que cette affaire nous intéressât comme si elle était nôtre. Ce qui vient de vous ne nous est jamais indifférent. Un de vos compatriotes l'a dit : « Les choses de France deviennent vite choses humaines. »

Et il poursuivit d'un accent plus grave :

— Surtout, ne croyez pas que le bon renom de la France, compromis par quelques malfaiteurs, soit pour cela perdu. Le peuple français est innocent de ces fautes et de ces crimes. Un peuple est toujours irresponsable parce qu'il est toujours inconscient, ou du moins qu'il ne parvient à la conscience que pour un petit nombre d'idées très grandes et très simples. En ce cas d'ailleurs il est certain que votre peuple a été trompé par ses journaux. Mais s'il est vrai que son ignorance a causé sa défaillance, s'il est vrai qu'il a essuyé une grande défaite morale, il est vrai pareillement qu'une petite poignée d'hommes courageux a sauvé l'honneur du pays. Vous savez en quelle estime nous tenons Zola et Picquart. La gloire d'Athènes est grande. Combien peu d'hommes font la gloire d'Athènes! De tout temps, en tout lieu, les hommes qui honorèrent leur patrie en honorant l'humanité furent peu nombreux et le plus souvent méconnus, insultés, persécutés, condamnés à la prison, à l'exil, au supplice. Votre Renan, si je ne me trompe, a dit de bonnes choses dans ce sens.

Le professeur Caspar Esselens se tut, et comme il me sembla un peu plus inquiet que de raison sur l'issue de cette affaire si petite en fait et si grande en esprit, je pris soin de le rassurer :

— Me perdez pas confiance, monsieur Esselens ; ne désespérez ni de la justice ni de la France. Tout cela, je vous le dis, finira, comme il convient, par la réhabilitation de l'innocent et le châtiment des coupables. J'en ai l'assurance. Et dites bien à vos élèves et à tous vos amis que la France, loin d'être abaissée, se trouve aujourd'hui précisément au plus haut point du monde, puisqu'on y combat pour une idée.

Je vous prie, mon cher Bergeret, etc.

VIII

M. Bergeret se promenait dans le jardin du Luxembourg, au déclin du jour. Les feuilles desséchées des platanes, qui tombaient en tournoyant à ses pieds, lui donnaient une douce idée de la mort ; il songeait que, pour la nature comme pour l'homme, vivre c'est périr sans cesse, et que les Grecs ingénieux avaient raison de donner à l'amour et à la mort le même visage et le même sourire. Sous la statue de la Marguerite des princesses il rencontra M. Mazure, archiviste départemental, qui était venu passer quelques jours à Paris, dans la science, l'amitié et les divertissements.

— Je viens de voir mon collègue Lehaleur, dit Mazure. La fièvre qu'il a prise à Rennes ne le quitte pas. Il en est consumé. Cette déplorable affaire n'a fait que trop de victimes. Heureusement qu'elle est terminée.

— Elle n'est pas terminée, répondit M. Bergeret. Les conséquences de toute action sont infinies. Celle-là aura des suites qu'il n'est possible à personne d'arrêter. Il en est des forces morales comme des forces physiques : elles se transforment et ne se perdent pas. On n'arrête pas un mouvement d'idées sans échauffer les esprits, et la chaleur, à son tour, produit du mouvement. On n'anéantit point une force.

— Il faut pourtant que l'apaisement se fasse. Le pays tout entier le veut. Il veut oublier.

— On ne s'endort pas sur un oreiller de fraudes et de violences. Il n'est point d'amnistie qui puisse réconcilier l'erreur et la vérité, le crime et l'innocence. Ne voyez-vous pas qu'il y a des justes qui ne veulent point être pardonnés ? Aujourd'hui même, Picquart et Zola refusent une injurieuse clémence et demandent justice.

— Il faut être raisonnable. Vous n'espérez pas ramener l'opinion égarée. Et il n'y a point de pouvoir en France que l'opinion n'entraîne pas. Pourquoi s'obstiner inutilement ?

— Il est vrai que si je m'arrêtais aux apparences, je pourrais désespérer de la justice. Il y a des criminels impunis ; la forfaiture et le faux témoignage sont publiquement approuvés comme des actes louables. Les esprits chérissent leur vieille erreur comme un bien précieux. Je n'espère pas que les adversaires de la vérité avouent qu'ils se sont trompés. Un tel effort n'est possible qu'aux plus grandes âmes. Mais les conséquences nécessaires de leurs erreurs et de leurs fautes se produisent malgré eux, et ils voient avec étonnement leur perte commencée.

— Ils restent le nombre.

— Aussi sont-ils vaincus par le dedans. Et c'est la défaite irréparable. Quand on est vaincu du dehors, on peut continuer la résistance et espérer une revanche. Mais la défaite intérieure est définitive. Qu'importe, dès lors, que les sanctions légales tardent ou manquent! La seule justice naturelle et véritable est dans les conséquences mêmes de l'acte, non dans des formules extérieures, souvent étroites, parfois arbitraires. Et la faction des violents et des injustes souffre déjà cruellement de son injustice et de sa violence. Voyez et instruisez-vous. Ce parti énorme de l'iniquité, demeuré intact, respecté, redouté, tombe et s'écroule de lui-même, par l'effet d'un travail intime de dissolution, et périt par cela seul qu'il est mauvais. N'êtes-vous pas frappé de voir que ces tribunaux militaires, superbes, au milieu des louanges et des applaudissements, s'affaissent sous le poids des erreurs et des fautes dont on leur faisait des vertus? Une loi, déposée aujourd'hui sur le bureau de la Chambre, les atteint dans leur triomphe. Cette loi sera discutée, combattue, amendée peut-être. Elle sera votée. Les juges militaires l'ont eux-mêmes préparée, imposée. Les légistes du gouvernement n'ont fait que la rédiger. Une juridiction qui n'avait ni la lumière ni l'indépendance, est en vain applaudie, adulée, caressée. Elle va disparaître. Le moindre effort l'emportera. Pourtant hier encore elle sacrifiait, dans l'ivresse publique, un innocent à sa puissance. Et voici qu'elle meurt d'être injuste. Ainsi, par ses fautes, elle a contribué au progrès des mœurs :

C'est un ordre des dieux qui jamais ne se rompt
De nous vendre bien cher les grands biens qu'ils nous font.

Quand un tel résultat est déjà obtenu, pourquoi se plaindre que de grands coupables échappent à la loi et gardent de méprisables honneurs ? Cela n'importe pas plus, dans notre état social, qu'il n'importait, dans la jeunesse de la terre, quand déjà les grands sauriens des océans primitifs disparaissaient devant des animaux d'une forme plus belle et d'un instinct plus heureux, qu'il restât encore, échoués sur le limon des plages, quelques monstrueux survivants d'une race condamnée.

Et voyez encore. Ces moines ennemis de la justice et de la liberté fondaient leur puissance sur une iniquité qui semblait assez vaste pour les porter. Avant même que l'iniquité soit détruite, ils s'écroulent. Leur ruine est prochaine. La loi, la faible loi, insultée et bafouée par eux, entre tout à coup dans leurs riches maisons, et la caisse où ils entassaient des centaines de mille francs en gros sous est à cette heure fermée de ce petit fil si mince, qu'on ne peut rompre. Ce n'est là, je le sais, qu'une descente de police. Mais que de menaces sont suspendues sur ces agitateurs ! N'ont-ils pas désormais tout à craindre d'un Parlement naguère leur complice, qui demain les frappera peut-être, et avec eux toutes ces congrégations qui s'enrichissaient dans l'ombre, achetaient secrètement des maisons et des terres ? Et ces moines prospères, ces riches marchands de miracles courent un grand péril, pour s'être associés à l'injustice triomphante.

Voyez enfin ! tout ce qui s'appuya sur ce qui n'était pas la vérité chancelle. Méline était fort. Qu'est-il à présent ? Et les royalistes qui se croyaient plus forts que lui en se faisant plus iniques, que sont-ils devenus ? Leur prince, ses faibles forces l'ont abandonné. Il ne rôde plus, avide et craintif, autour de la France convoitée. Il va se cacher derrière les Pyramides, tandis que ses amis sont en prison.

Peu de changement dans l'état des esprits. Pas de ces brusques revirements des foules, qui étonnent. Rien de sensible ni de frappant. Pourtant il n'est plus, le temps où un Président de la République abaissait au niveau de son âme la justice, l'honneur de la patrie, les alliances de la République, où la puissance des ministres résultait de leur entente avec les ennemis des institutions dont ils avaient la garde ; ce temps de brutalité et d'hypocrisie où le mépris de l'intelligence et la haine de la justice étaient à la fois une opinion populaire et une doctrine d'Etat, où les pouvoirs publics protégeaient les porteurs de matraque, où c'était un délit de crier « Vive la République ! » Ces temps sont déjà loin de nous, comme descendus dans un passé profond, plongés dans l'ombre des âges barbares.

— Ils peuvent revenir.

— Ils peuvent revenir. Et vraiment nous n'en sommes séparés encore par rien de solide, par rien même d'apparent ni de distinct. Ils se sont évanouis comme les nuages de l'erreur qui les avait formés. Le moindre souffle peut encore ramener ces ombres. Je le sais. Je crois pourtant que la République est sauvée, et avec elle la parcelle de justice et de vérité qu'elle peut réaliser. C'est peu de chose. Mais ce peu nous est précieux quand nous avons failli perdre, dans un abîme de violence et d'imbécillité, tout ce qui fait le génie et la beauté de la France, la tolérance, la justice, la liberté de pensée, tout ce qui donne un sens à notre histoire, un caractère à notre peuple, tout ce qui est cher aux Français qui aiment assez leur patrie pour la vouloir juste et généreuse. Ce qui frappe nos adversaires comme des coups imprévus, ce qu'ils attribuent à la malignité d'un petit nombre d'hommes au pouvoir, encore mal assis et mal obéis, n'est en réalité que la conséquence de leurs propres fautes, quand ils ont cru se fortifier dans l'injustice et l'erreur. Il est de toute nécessité qu'une société humaine soit en définitive juste et raisonnable. La démocratie, sans en avoir conscience, les abandonne, et c'est pourquoi ils tombent par terre. Leur chute est molle, sur un terrain amolli. Mais il n'est pas certain qu'ils puissent se relever. Ce que n'ont pu faire les ennemis de la République et de la liberté quand ils avaient pour eux le Président de la République, les ministres, tous les pouvoirs publics, la presse, la foule terrifiée et abusée, et ces chevaux dont la bride était aux mains des séditieux, le pourront-ils quand les républicains, encore timides, mais inquiets et pleins de méfiance, commencent à se défendre ? Et qui donnera l'assaut ? La troupe mince et brillante des riches et des oisifs, renforcée des camelots à quarante sous. Rien de plus. Le bourgeois regarde avec bienveillance. Mais il ne combat pas, et il ne sert la réaction qu'en applaudissant aux couplets nationalistes des cafés-concerts. Cependant la masse grave et sombre, énorme, des travailleurs, qu'on n'amuse plus avec de la politique et des émeutes, le peuple qui, un jour, peut tout exiger puisqu'il produit tout, s'organise, apprend à penser et s'apprête à vouloir.

LA PRESSE

Ce soir-là, M. Bergeret reçut, dans son cabinet, la visite de son collègue Jumage.

Alphonse Jumage et Lucien Bergeret étaient nés le même jour, à la même heure, de deux mères amies, pour qui ce fut, par la suite, un inépuisable sujet de conversations. Ils avaient grandi ensemble. Lucien ne s'inquiétait en aucune manière d'être entré dans la vie au même moment que son camarade. Alphonse, plus attentif, y songeait avec contention. Il accoutuma son esprit à comparer, dans leur cours, ces deux existences simultanément commencées, et il se persuada peu à peu qu'il était juste, équitable et salutaire que les progrès de l'une et de l'autre fussent égaux.....

... Un effet assez étrange de cette étude comparée de deux existences fut que Jumage s'habitua à penser et à agir en toute occasion au rebours de Bergeret ; non qu'il n'eût point l'esprit sincère et probe, mais parce qu'il ne pouvait se défendre de soupçonner quelque malignité dans des succès de carrière plus grands et meilleurs que les siens, par conséquent iniques. C'est ainsi que, pour toutes sortes de raisons honorables qu'il s'était données et pour celle qu'il avait d'être le contradicteur, d'être l'autre de M. Bergeret, il s'engagea dans les nationalistes, quand il vit que le professeur de faculté avait pris le parti de la révision. Il se fit inscrire à la ligue de l'*Agitation française*, et même il y prononça des discours. Il se mettait pareillement en opposition avec son ami sur tous les sujets, dans les systèmes de chauffage économique et dans les règles de la grammaire latine. Et comme enfin M. Bergeret n'avait pas toujours tort, Jumage n'avait pas toujours raison.

Cette contrariété, qui avait pris avec les années l'exactitude d'un système raisonné, n'altéra point une amitié formée dès l'enfance. Jumage s'intéressait vraiment à Bergeret dans les disgrâces que celui-ci essuyait au cours parfois embarrassé de sa vie. Il allait le voir à chaque malheur qu'il apprenait. C'était l'ami des mauvais jours.

Ce soir-là, il s'approcha de son vieux camarade avec cette mine brouillée et trouble, ce visage couperosé de joie et de tristesse, que Lucien connaissait.

— Tu vas bien, Lucien ? Je ne te dérange pas ?

— Non.

— Je venais te voir... dit Jumage, te parler... Mais ça n'a aucune importance... Je t'apportais un article. Mais je te le répète, c'est sans importance.

Et il tira de sa poche un journal. M. Bergeret tendit lentement la main pour le prendre. Jumage le remit dans sa poche, M. Bergeret replia le bras, et Jumage posa, d'une main un peu tremblante, le papier sur la table :

— Encore une fois, c'est sans importance. Mais j'ai pensé qu'il valait mieux... Peut-être est-il bon que tu saches... Comme tu as des ennemis...

— Flatteur ! dit M. Bergeret.

Et prenant le journal, il lut ces lignes, marquées au crayon bleu :

« Un vulgaire pion dreyfusard, l'intellectuel Bergeret, qui croupissait en province, vient d'être chargé de cours à la Sorbonne. Les étudiants de la Faculté des lettres protestent énergiquement contre la nomination scandaleuse de ce protestant antifrançais. Et nous ne sommes pas surpris d'apprendre que bon nombre d'entre eux ont décidé d'accueillir comme il le mérite, par des huées, ce sale juif allemand, que le ministre de la trahison publique a l'outrecuidance de leur imposer comme professeur. »

Et quand M. Bergeret eut achevé sa lecture :

— Ne lis donc pas cela, dit vivement Jumage. Cela n'en vaut pas la peine. C'est si peu de chose.

— C'est peu, j'en conviens, répondit M. Bergeret. Encore faut-il me laisser ce peu comme un témoignage obscur et faible, mais honorable et véritable, de ce que j'ai fait dans des temps difficiles. Je n'ai pas beaucoup fait. Mais enfin j'ai couru quelques risques. Le doyen Stapfer fut suspendu pour avoir parlé de la justice sur une tombe. M. Bourgeois était alors grand maître de l'Université. Et nous avons connu des jours plus mauvais que ceux que nous fit M. Bourgeois. Sans la fermeté généreuse de mes chefs, j'étais chassé de l'Université par un ministre privé de sagesse. Je n'y pensai point alors. Je peux bien y songer maintenant et réclamer le loyer de mes actes. Or, quelle récompense puis-je attendre plus digne, plus belle en son âpreté, plus haute, que l'injure des ennemis de la justice ? J'eusse souhaité que l'écrivain injurieux, qui malgré lui me rend témoignage, sût exprimer une pensée plus exacte dans une forme plus durable. Mais c'était trop demander.

— Remarque, dit Jumage, que tu es diffamé en raison de tes fonctions. Tu peux traîner ton diffamateur devant le jury. Mais je ne te le conseille pas : il serait acquitté. Le jury a de ces défaillances.

— Il est vrai, dit M. Bergeret, que le jury semble incliner à croire que la diffamation des fonctionnaires et les attaques idéales dirigées contre les corps constitués ne sont point punissables. Si, quand on leur soumit cette lettre mesurée que Zola écrivit à un Président de la République mal préparé à entendre de si justes paroles, les jurés de la Seine en condamnèrent l'auteur, c'est qu'ils délibéraient sous des cris inhumains, sous des menaces hideuses, dans un insupportable bruit de ferraille, au milieu de tous les fantômes de l'erreur et du mensonge. Ils ne recommenceront pas. Et ils ont montré depuis qu'il ne fallait plus se plaindre à eux des blessures trop subtiles faites par les pierres de la parole et les flèches de la pensée. Je ne connais pas précisément leurs raisons, mais je leur en prêterai d'abondantes et d'excellentes.

» Peut-être estiment-ils qu'un délit si fréquent et mille fois répété chaque jour, du matin au soir, est non plus un délit, mais un usage. Peut-être pensent-ils que c'est de la politique et l'effet nécessaire de nos institutions ; qu'il est dangereux de limiter en faveur d'un seul intéressé les droits de la pensée humaine ; qu'il y a de bonnes diffamations comme il y en a de médiocres et de mauvaises, et qu'il est difficile de les distinguer ; qu'on peut porter de justes et généreuses accusations contre un homme puissant ou contre une grande institution sans être en état d'en fournir les preuves formelles, ainsi que cela s'est vu, et qu'il est enfin de ces accusations condamnées par les lois qui concourent au bien public et importent au salut de la patrie. Enfin, il est possible que les jurés acquittent les journalistes par excès de respect. Et il est possible qu'ils les acquittent par excès de mépris. En tout cas ils ont supprimé le délit de diffamation.

— Il est probable en effet, dit Jumage, que le jury ne t'accorderait aucune satisfaction. Mais si la proposition Joseph Fabre était votée, tu amènerais ton diffamateur en police correctionnelle où il serait admis à faire la preuve. Et comme il ne pourrait prouver que tu es à la fois un protestant antifrançais et un sale juif allemand, il serait condamné.

— J'aime beaucoup M. Joseph Fabre, qui a très bien parlé de Jeanne d'Arc, dit M. Bergeret. Mais sa loi est d'une excessive imprudence. Si elle était votée, les juges l'appliqueraient d'une façon qui pourrait bien un jour surprendre et contrister M. Joseph Fabre lui-même. Il n'est pas sage de remettre à d'honnêtes magistrats, qui ne savent que leur Code, la connaissance d'une cause qui intéresse contradictoirement une personne ou un groupe de personnes et l'universalité des citoyens et des hommes, car un journaliste écrit pour tout le monde et de sa liberté dépendent toutes les libertés.

— Mais alors!... dit Jumage.

— Alors, répondit le professeur Bergeret, l'offense aux grands corps publics et la diffamation des personnes en place ne seront point punies. Et ce sera bien ainsi. La diffamation est parfois infâme, parfois généreuse. L'indignité du diffamé la rend innocente, l'indignité du diffamateur la rend méprisable. Dans l'un et l'autre cas elle relève de l'opinion et non des lois. Il est vrai que c'est beaucoup l'usage, en ce temps-ci, de diffamer les honnêtes gens. Mais dans l'état de banalité et d'avilissement où cette espèce de diffamation est tombée, si elle gardait encore quelque force, ce serait parce qu'elle est suivie de sanctions pénales. Sans cette suite et ce cortège, elle tombe misérablement. C'est la peine dont vous la frappez qui la relève. Car enfin si mon diffamateur brave la prison, c'est un gaillard. Ce serait un héros s'il y jouait sa vie. Ne risquant rien, c'est un polisson. Sans compter que sa voix grêle, un procès la grossit, et que les juges, en punissant l'injure, la publient. Un des plus absurdes et des plus constants préjugés de l'animal humain est de croire à l'efficacité des châtiments, qui, la plupart du temps, ne servent à rien, puisque la société subsiste et prospère après qu'ils sont diminués ou supprimés. Pour ma part je crois fermement que le journaliste qui m'a appelé intellectuel croupi, protestant antifrançais et sale juif prussien ne mérite ni la prison ni l'amende et qu'il est un innocent.

Tirant M. Bergeret par la manche, Jumage le pressa d'entendre ces paroles émues :

— Ecoute-moi, Lucien ; je n'ai aucune de tes idées sur l'Affaire. J'ai blâmé ta conduite, je la blâme encore. Mais je tiens à te déclarer que je réprouve énergiquement les procédés de polémique dont certains journaux usent à ton égard. Et, si j'ai un reproche à te faire, c'est de ne pas les blâmer toi-même avec la même vigueur. Ton indulgence est immorale. Permets-moi de te dire que je ne la conçois guère chez un membre de la ligue des *Immortels Principes*. La déclaration de 1791, invoquée par cette ligue, porte précisément que la libre communication des pensées et des opinions est un des droits les plus précieux de l'homme, et que tout citoyen peut donc parler, écrire, imprimer librement, sauf à répondre de cette liberté dans les cas déterminés par la loi... Sauf à répondre de l'abus, tu entends. L'outrage est un de ces cas.

L'auteur en doit répondre. Tu ne peux pas sortir de là.

— Je n'y entrerai point, répondit M. Bergeret. C'est de la métaphysique. Je reste dans la réalité des choses. En fait, il n'est pas si facile que le croyaient les législateurs de 1791 de distinguer l'abus de l'usage, et pour nous en tenir au point que nous examinons, de marquer la limite qui sépare la sévérité de l'outrage, la critique de l'offense. Il est plus malaisé encore de peser les intentions de l'écrivain. Nous avons vu, sous la présidence d'un ministre laboureur, un généreux appel à la justice et à l'humanité poursuivi comme un crime. Et dans le même temps il était permis d'insulter à l'innocence et d'offenser la vérité. Cette dame nue fut mal protégée par les lois durant dix-huit mois environ. Un tel exemple, précédé de beaucoup d'autres, me confirme dans l'idée qu'il vaut mieux ne poursuivre personne pour du papier noirci.

Les délits de pensée sont indéfinissables. Il leur manque ainsi la qualité essentielle à tout délit. Celui que la proposition Joseph Fabre prétend restaurer, la diffamation d'Etat, échappe notamment à toute définition. Il est périlleux d'en saisir les juges correctionnels, qui ne le reconnaîtraient qu'à des signes incertains. Ils le puniraient cependant ; et ce serait une peine faible et vaine. Lors de la Renaissance, dès que se répandirent dans les pays d'Europe ces petites presses à bras et ces pauvres casses de lettres mobiles qui faisaient la charge d'un âne et qui devaient changer le monde, tous les princes armèrent des lois contre l'imprimerie naissante. En France, sous François Ier et sous Henri II, quiconque publiait un écrit sans avoir préalablement obtenu l'approbation de la Sorbonne était puni de mort. On y pendit à force les colporteurs de Genève, coupables de vendre des prières calvinistes dans les campagnes. En 1618, alors que Luynes, « qui n'avait jamais entendu parler d'affaires ni vu autre chose que des chiens et des oiseaux », gouvernait le royaume, le poète Durant, pour avoir fait un livre, fut rompu vif en grève, avec deux de ses complices.

Le dix-septième siècle, que nous croyons poli parce qu'on y dessinait des jardins et qu'on y composait des pièces de théâtre, des oraisons funèbres et des fables, ne le céda guère en barbarie aux âges précédents. En 1694, l'année même où l'évêque Bossuet, dans ses *Maximes sur la Comédie*, traitait Corneille d'entremetteur et Molière d'histrion, les imprimeurs Rambaud et Larcher furent pendus pour avoir publié un libelle intitulé *l'Ombre de Scarron*, où le roi était traité sans respect.

Le supplice des pauvres colporteurs genevois n'empêcha pas les progrès de la Réforme. La mort de deux malheureux imprimeurs n'épargna pas à Louis XIV une vieillesse exécrée et funeste. La cruauté des arrêts de justice n'arrêta pas les progrès de l'esprit public. Avec le dix-huitième siècle se leva l'aurore de la douceur humaine. Les lois suivirent, en boitant et en rechignant, les préceptes des philosophes. Aux époques troublées, dans les jours de violence, il y eut de brusques retours au passé.

Les législateurs de l'an IV tentèrent de défendre la liberté comme les Parlements défendaient la monarchie et l'Eglise. La loi du 27 germinal punit de mort la provocation à la dissolution du gouvernement et au rétablissement de la royauté. Cette loi furieuse ne sauva pas la République.

Et vous croyez aujourd'hui que la menace de six mois de prison et de cinq cents francs d'amende empêchera ce que n'ont pu empêcher la corde et la roue, et plus tard la guillotine! Et vous croyez à l'efficacité de vos peines dégénérées !

La liberté seule est efficace, si elle est pleine et entière. Elle seule est bonne et salutaire.

Vous la devez à la presse, non pas seulement à la presse qui la mérite par sa prudence, mais à la presse telle qu'elle est, sage ou folle. Vous la devez à la presse, parce que la presse exprime la pensée de la nation entière, et qu'elle est et doit être, comme cette pensée même, diverse, confuse, contradictoire, juste, injuste, sage, absurde, violente, magnanime; parce qu'elle est la conscience de la foule obscure des citoyens comme de l'élite des intelligences, et le miroir où chacun, se voyant au milieu de tous, se compare et se juge; parce qu'il est indispensable qu'elle dise tout ce qui se croit ou se pense confusément autour de nous, en sorte que le vrai et le faux se trouvent amenés à la lumière dans la même proportion où ils sont au fond des esprits ; parce que ses faiblesses et ses hontes, son ignorance brutale, ses préjugés stupides lui viennent de la communauté, tandis qu'elle possède en propre cette force et cette vertu attachées à la parole humaine ; parce que, tant bien que mal, elle pense, et que la pensée, à la longue, s'ordonne d'elle-même selon des lois supérieures, qu'on ne peut transgresser, et produit la conciliation des contraires ; parce qu'elle apporte des faits et donne des raisons, et que si les faits qu'elle apporte sont faux, elle les anéantit dès qu'elle les expose, et que ses raisons, fussent-elles les pires de toutes, impliquent la reconnaissance de la raison souveraine ; parce qu'elle ne peut ni se tromper ni mentir sans mettre à découvert le mensonge et l'erreur, et qu'ainsi, de gré ou de force, elle travaille, en définitive, à l'établissement de la vérité ; parce que ses discussions ardentes, partiales, et même injurieuses ou ineptes, se substituant à la violence matérielle, annoncent l'adoucissement des mœurs et y contribuent ; parce que, étant l'idée, elle doit rester indépendante du fait, étant la pensée, elle doit dominer tout acte, étant la force morale, elle doit être soustraite à la force matérielle.

Et remarque, poursuivit M. Bergeret, que la presse, quand elle est libre, est faible pour le mal et forte pour le bien. C'est à la liberté de la presse que nous devons le triomphe récent d'une juste cause. Quand une petite poignée d'hommes intelligents et généreux dénoncèrent, pour l'honneur de la France, la condamnation frauduleuse d'un innocent, ils furent traités en ennemis par le gouvernement et par l'opinion. Ils parlèrent cependant. Et par la parole ils furent les plus forts. Le gros des feuilles travaillait contre eux, avec quelle ardeur ! tu le sais. Mais elles servirent la vérité malgré elles, et, en publiant des pièces fausses, permirent d'en établir la fausseté. Les mensonges se détruisirent les uns par les autres. L'erreur éparse ne put rejoindre ses tronçons dispersés. Finalement il ne subsista que ce qui avait de la suite et de la continuité. La vérité possède une force d'enchaînement que l'erreur n'a pas. Elle forma, devant l'injure et la haine impuissantes, une chaîne que rien ne peut plus rompre. Mais, pour accomplir ce travail heureux, il fallait une presse libre. Nous l'avons eue, grâce à la République, malgré la mauvaise foi et la tracasserie. Nous l'avons eue, et la vérité a été servie dans la presse par ses ennemis presque autant que par ses amis.

Et M. Bergeret, ayant ainsi parlé, prit dans ses mains le journal que lui avait apporté Jumage, parcourut d'un regard tranquille l'article qui commençait par ces mots : *Un vulgaire pion dreyfusard, l'intellectuel Bergeret, qui croupissait en province...*

Puis il dit avec douceur et gravité :

— Ces douze lignes, ces douze lignes qui par elles-mêmes sont de vil prix, je les tiens pour intangibles et sacrées, parce que, dénuées de pensée, elles ont du moins été tracées avec les signes de la pensée, avec ces caractères d'imprimerie, ces saintes petites lettres de plomb qui ont porté le droit et la raison par le monde.

LA JUSTICE CIVILE ET MILITAIRE

I

— Notre esprit, dit mon bon maître, est ainsi fait que rien ne le trouble ni ne le blesse de ce qui est ordinaire et coutumier. Et l'usage use, si je puis dire, notre indignation, aussi bien que notre émerveillement. Je m'éveille chaque matin, sans songer, je l'avoue, aux malheureux qui seront pendus ou roués pendant le jour. Mais quand l'idée du supplice m'est rendue plus sensible, mon cœur se trouble, et pour avoir vu cette belle fille conduite à la mort, ma gorge se serre au point que ce petit poisson n'y saurait entrer.

— Qu'est-ce qu'une belle fille? dit l'huissier. Il n'est pas de rue à Paris où, dans une nuit, on n'en fasse à la douzaine. Pourquoi celle-ci avait-elle volé sa maîtresse, madame la conseillère Josse?

— Je n'en sais rien, monsieur, répondit gravement mon bon maître; vous n'en savez rien, et les juges qui l'ont condamnée n'en savaient pas davantage, car les raisons de nos actions sont obscures et les ressorts qui nous font agir demeurent profondément cachés. Je tiens l'homme pour libre de ses actes, puisque ma religion l'enseigne ; mais, hors la doctrine de l'Eglise, qui est certaine, il y a si peu de raison de croire à la liberté humaine, que je frémis en songeant aux arrêts de la justice qui punit des actions dont le principe, l'ordre et les causes nous échappent également, où la volonté a souvent peu de part, et qui sont parfois accomplies sans connaissance...

— Je vois avec peine, monsieur, dit le petit homme noir, que vous êtes du parti des fripons.

— Hélas ! monsieur, dit mon bon maître, ils sont une part de l'humanité souffrante, et membres, comme nous, de Jésus-Christ, qui mourut entre deux larrons. Je crois apercevoir dans nos lois des cruautés qui paraîtront distinctement dans l'avenir, et dont nos arrière-neveux s'indigneront.

— Je ne vous entends pas, monsieur, dit l'autre en buvant un petit coup de vin. Toutes les barbaries gothiques ont été retranchées de nos lois et coutumes, et la justice est aujourd'hui d'une politesse et d'une humanité excessives. Les peines sont exactement proportionnées aux crimes et vous voyez que les voleurs sont pendus, les meurtriers roués, les criminels de lèse-majesté tirés à quatre chevaux, les athées, les sorciers et les sodomites brûlés, les faux monnayeurs bouillis, en quoi la justice criminelle marque une extrême modération et toute la douceur possible.

— Monsieur, de tout temps les juges se sont

estimés bienveillants, équitables et doux. Aux âges gothiques de Saint Louis et même de Charlemagne, ils admiraient leur propre bénignité, qui nous semble rudesse aujourd'hui ; je devine que nos fils nous jugeront rudes à leur tour, et qu'ils trouveront encore quelque chose à retrancher sur les tortures et sur les supplices dont nous usons.

— Monsieur, vous ne parlez pas comme un magistrat. La torture est nécessaire pour tirer les aveux qu'on n'obtiendrait point par la douceur. Quant aux peines, elles sont réduites à ce qui est nécessaire pour assurer la vie et les biens des citoyens.

— Vous convenez donc, monsieur, que la justice a pour objet, non le juste, mais l'utile, et qu'elle s'inspire seulement des intérêts et des préjugés des peuples. Rien n'est plus vrai, et les fautes sont punies non point en proportion de la malignité qui y est attachée, mais en vue du dommage qu'elles causent ou qu'on croit qu'elles causent à la société. C'est ainsi que les faux monnayeurs sont mis dans une chaudière d'eau bouillante, bien qu'il y ait en réalité peu de malice à frapper des écus. Mais les financiers en particulier et le public y éprouvent un dommage sensible. C'est ce dommage dont ils se vengent avec une impitoyable cruauté ! Les voleurs sont pendus, moins pour la perversité qu'il y a à prendre un pain ou des hardes, laquelle est excessivement petite, qu'à cause de l'attachement naturel des hommes à leur bien. Il convient de ramener la justice humaine à son véritable principe qui est l'intérêt matériel des citoyens et de la dégager de toute la haute philosophie dont elle s'enveloppe avec une pompeuse et vaine hypocrisie.

— Monsieur, répliqua le petit huissier, je ne vous conçois pas. Il me semble que la justice est d'autant plus équitable qu'elle est plus utile, et que cette utilité même, qui vous fait la mépriser, vous la devrait rendre auguste et sacrée.

— Vous ne m'entendez point, dit mon bon maître.

— Monsieur, dit le petit huissier, j'observe que vous ne buvez point. Votre vin est bon, si j'en juge à la couleur. N'y pourrai-je goûter ?

Il est vrai que mon bon maître, pour la première fois de sa vie, laissait du vin au fond de la bouteille. Il le versa dans le verre du petit huissier.

— A votre santé, monsieur l'abbé, dit le petit huissier. Votre vin est bon, mais vos raisonnements ne valent rien. La justice, je le répète, est d'autant plus équitable qu'elle est plus utile, et cette utilité même que vous dites être dans son origine et dans son principe, vous la devrait rendre auguste et sacrée. Mais il vous faut convenir encore que l'essence même de la justice est le juste, ainsi que le mot l'indique.

— Monsieur, dit mon bon maître, quand nous aurons dit que la beauté est belle, la vérité vraie et la justice juste, nous n'aurons rien dit du tout. Votre Ulpien, qui s'exprimait avec précision, a proclamé que la justice est la ferme et perpétuelle volonté d'attribuer à chacun ce qui lui appartient, et que les lois sont justes quand elles sanctionnent cette volonté. Le malheur est que les hommes n'ont rien en propre et qu'ainsi l'équité des lois ne va qu'à leur garantir le fruit de leurs rapines héréditaires ou nouvelles. Elles ressemblent à ces conventions des enfants qui, après qu'ils ont gagné des billes, disent à ceux qui veulent les leur reprendre : « Ce n'est plus de jeu. » La sagacité des juges se borne à discerner les usurpations qui ne sont pas de jeu d'avec celles dont on était convenu en engageant la partie, et cette distinction est à la fois délicate et puérile. Elle est surtout arbitraire. La grande fille qui, dans ce moment même, pend au bout d'une corde de chanvre, avait, dites-vous, volé à madame la conseillère Josse une coiffe de dentelle. Mais sur quoi établissez-vous que cette coiffe appartenait à madame la conseillère Josse ? Vous me direz qu'elle l'avait ou achetée de ses deniers ou trouvée dans son coffre de mariage, ou reçue de quelque galant, tous bons moyens d'acquérir des dentelles. Mais de quelque façon qu'elle les eût acquises, je vois seulement qu'elle en jouissait comme d'un de ces biens de fortune qu'on trouve et qu'on perd d'aventure et sur lesquels on n'a point de droit naturel. Pourtant je consens que les barbes lui appartenaient, conformément aux règles de ce jeu de la propriété que jouent les hommes en société comme les pauvres enfants à la marelle. Elle tenait à ces barbes et, dans le fait, elle n'y avait pas moins de droits qu'un autre, je le veux bien. La justice était de les lui rendre, sans les mettre à si haut prix que de détruire, pour deux méchantes barbes de point d'Alençon, une créature humaine...

... Quant à punir les voleurs, c'est un droit issu de la force et non de la philosophie. La philosophie nous enseigne au contraire que tout ce que nous possédons est acquis par violence ou par ruse. Et vous voyez aussi que les juges approuvent qu'on nous dépouille de nos biens quand le ravisseur est puissant. C'est ainsi qu'on permet au roi de nous prendre notre vaisselle d'argent pour faire la guerre, comme il s'est vu sous Louis le Grand, alors que les réquisitions furent si exactes qu'on enleva jusqu'aux crépines des lits, pour en tirer l'or tissu dans la soie. Ce prince mit la main sur les biens des particuliers et sur les trésors des églises, et, voilà vingt ans, faisant mes dévotions à Notre-Dame-de-Liesse, en Picardie, j'ouïs les doléances d'un vieux sacristain qui déplorait que le feu roi eût enlevé et fait fondre tout le trésor de l'église, et ravi même le sein d'or émaillé déposé jadis en grande pompe par madame la princesse Palatine, après qu'elle eut été guérie miraculeusement d'un cancer. La justice seconda le prince dans ses réquisitions et punit sévèrement ceux qui dérobaient quelque pièce aux commissaires du roi. C'est donc qu'elle n'estimait pas que ces biens fussent si attachés aux personnes qu'on ne pût les en séparer.

— Monsieur, dit le petit huissier, les commissaires agissaient au nom du roi qui, possédant tous les biens du royaume, en peut disposer à son gré pour la guerre ou pour les bâtiments ou de toute autre manière.

— Il est vrai, dit mon bon maître, et cela a été mis dans les règles du jeu. Les juges y vont comme à l'Oie, en regardant ce qui est écrit sur le tableau. Les droits du prince, soutenus par les Suisses et par toutes sortes de soldats, y sont écrits. Et la pauvre pendue n'avait pas de gardes suisses pour faire mettre sur le tableau du jeu qu'elle avait droit de porter les dentelles de madame la conseillère Josse. Cela est parfaitement exact.

— Monsieur, dit le petit huissier, vous ne comparez point, je pense, Louis le Grand, qui prit la vaisselle de ses sujets pour payer des soldats, et cette créature qui vola une coiffe pour s'en parer.

— Monsieur, dit mon bon maître, il est moins innocent de faire la guerre que d'aller à Ramponneau avec une coiffe de dentelle. Mais la justice assure à chacun ce qui lui appartient, selon les règles de ce jeu de société qui est le plus inique, le plus absurde et le moins divertissant des jeux...

... La plus cruelle offense qu'on ait pu faire à Notre-Seigneur Jésus-Christ est de mettre son image dans les prétoires où les juges absolvent les pharisiens qui l'ont crucifié et condamnent la Madeleine qu'il releva de ses mains divines. Que fait-il, le juste, parmi ces hommes qui ne pourraient pas se montrer justes, même s'ils le voulaient, puisque leur triste devoir est de considérer les actions de leurs semblables non en elles-mêmes et dans leur essence, mais au seul point de vue de l'intérêt social, c'est-à-dire en raison de cet amas d'égoïsme, d'avarice, d'erreurs et d'abus qui forme les cités, et dont ils sont les aveugles conservateurs? En pesant la faute, ils y ajoutent le poids de la peur ou de la colère qu'elle inspira au lâche public. Et tout cela est écrit dans leur livre, en sorte que le texte antique et la lettre morte leur servent d'esprit, de cœur et d'âme vivante. Et toutes ces dispositions, dont quelques-unes remontent aux âges infâmes de Byzance et de Théodora, s'accordent seulement sur ce point qu'il faut tout sauver, vertus et vices, d'un monde qui ne veut pas changer. La faute aux yeux des lois est si peu de chose en soi, et les circonstances extérieures en sont si considérables, qu'un même acte, légitime dans telle condition, devient impardonnable dans telle autre, comme il se voit par l'exemple d'un soufflet qui, donné par un homme sur la joue d'un autre, paraît seulement chez un bourgeois l'effet d'une humeur irascible et devient, pour un soldat, un crime puni de mort. Cette barbarie, qui subsiste encore, fera de nous l'opprobre des siècles futurs. Nous n'y prenons pas garde ; mais on se demandera un jour quels sauvages nous étions pour punir du dernier supplice l'ardeur généreuse du sang quand elle jaillit du cœur d'un jeune homme assujetti par les lois aux périls de la guerre et aux dégoûts de la caserne. Et il est clair que s'il y avait une justice, nous n'aurions pas deux codes, l'un militaire, l'autre civil. Ces justices soldatesques, dont on voit tous les jours les effets, sont d'une cruauté atroce, et les hommes, s'ils se policent jamais, ne voudront pas croire qu'il fut jadis, en pleine paix, des conseils de guerre vengeant par la mort d'un homme la majesté des caporaux et des sergents...

... Les juges ne sondent point les reins et ne lisent point dans les cœurs; aussi leur plus juste justice est-elle rude et superficielle. Encore s'en faut-il de beaucoup qu'ils s'en tiennent à cette grossière écorce d'équité, sur laquelle les codes sont écrits. Ils sont hommes, c'est-à-dire faibles et corruptibles, doux aux forts et impitoyables aux petits. Ils consacrent par leurs sentences les plus cruelles iniquités sociales, et il est malaisé de distinguer dans cette partialité ce qui vient de leur bassesse personnelle, de ce qui leur est imposé par le devoir de leur profession, qui est, en réalité, de soutenir l'Etat dans ce qu'il a de mauvais autant que dans ce qu'il a de bon, de veiller à la conservation des mœurs publiques, ou excellentes ou détestables, et d'assurer, avec les droits des citoyens, les volontés tyranniques du prince, sans parler des préjugés ridicules et cruels qui trouvent sous les fleurs de lys un asile inviolable. Le magistrat le plus austère peut être amené, par son intégrité même, à rendre des arrêts aussi révoltants et peut-être plus inhumains encore que ceux du magistrat prévaricateur, et je ne sais, pour ma part, qui des deux je redouterais le plus, ou du juge qui s'est fait une âme avec des textes de loi, ou de celui qui emploie un reste de sentiment à torturer ces textes. Celui-ci me sacrifiera à son intérêt ou à ses passions; l'autre m'immolera froidement à la chose écrite. Encore faut-il observer que le magistrat est défenseur, par fonction, non pas des préjugés nouveaux, auxquels nous sommes tous plus ou moins soumis, mais des préjugés anciens qui sont conservés dans les lois alors qu'ils s'effacent de nos âmes et de nos mœurs. Et il n'est pas d'esprit quelque peu méditatif et libre qui ne sente tout ce qu'il y a de gothique dans la loi, tandis que le juge n'a pas le droit de le sentir.

Mais je parle comme si les lois, encore que barbares et grossières, étaient du moins claires et précises. Et il s'en faut de beaucoup qu'il en soit ainsi. Le grimoire d'un sorcier semble facile à comprendre en comparaison de plusieurs articles de nos codes et de nos coutumiers. Ces difficultés d'interprétation ont beaucoup contribué à faire établir divers degrés de juridiction, et l'on admet que, ce que le bailli n'a pas entendu, messieurs du Parlement l'éclairciront. C'est beaucoup attendre de cinq hommes en robe rouge et en bonnet carré, qui, même après avoir récité le *Veni Creator*, demeurent sujets à l'erreur ; et il vaut mieux convenir que la plus haute juridiction juge sans appel pour cette seule raison qu'on avait épuisé les autres avant de recourir à celle-là. Le prince est de cet avis : car il a des lits de justice au-dessus des Parlements...

Mon bon maître regarda tristement couler l'eau comme l'image de ce monde où tout passe et rien ne change.

Il demeura quelque temps songeur et reprit d'une voix plus basse :

— Cela, seul, mon fils, me cause un insurmontable embarras, qu'il faille que ce soit les juges qui rendent la justice. Il est clair qu'ils ont intérêt à déclarer coupable celui qu'ils ont d'abord soupçonné. L'esprit de corps, si puissant chez eux, les y porte ; aussi voit-on que, dans toute leur procédure, ils écartent la défense comme une importune, et ne lui donnent accès que lorsque l'accusation a revêtu ses armes et composé son visage, et qu'enfin, à force d'artifices, elle a pris l'air d'une belle Minerve. Par l'esprit même de leur profession, ils sont enclins à voir un coupable dans tout accusé, et leur zèle semble si effrayant à certains peuples européens qu'ils les font assister, dans les grandes causes, par une dizaine de citoyens tirés au sort. En quoi il apparaît que le hasard, dans son aveuglement, garantit mieux la vie et la liberté des accusés que ne le peut faire la conscience éclairée des juges. Il est vrai que ces magistrats bourgeois, tirés à la loterie, sont tenus en dehors de l'affaire dont ils voient seulement les pompes extérieures. Il est vrai encore que, ignorant les lois, ils sont appelés, non à les appliquer, mais seulement à décider d'un seul mot s'il y a lieu de les appliquer. On dit que ces sortes d'assises donnent parfois des résultats absurdes, mais que les peuples qui les ont établies y sont attachés comme à une espèce de garantie très précieuse. Je le crois volontiers. Et je conçois qu'on accepte des arrêts rendus de la sorte, qui peuvent être ineptes ou cruels, mais dont l'absurdité du moins et la barbarie ne sont pour ainsi dire imputables à personne. L'iniquité semble tolérable quand elle est assez incohérente pour paraître involontaire.

Ce petit huissier, qui a un si grand sentiment de la justice, me soupçonnait d'être du parti des voleurs et des assassins. Au rebours, je réprouve à ce point le vol et l'assassinat, que je n'en puis souffrir même la copie régularisée par les lois, et il m'est pénible de voir que les juges n'ont rien trouvé de mieux, pour châtier les larrons et les homicides, que de les imiter ; car, de bonne foi, Tournebroche, mon fils, qu'est-ce que l'amende et la peine de mort, sinon le vol et l'assassinat perpétrés avec une auguste exactitude? Et ne voyez-vous point que notre justice ne tend, dans toute sa superbe, qu'à cette honte de venger un mal par un mal, une misère par une misère, et de doubler, pour l'équilibre et la symétrie, les délits et les crimes? On peut dépenser dans cette tâche une sorte de probité et de désintéressement. On peut s'y montrer un l'Hospital tout aussi bien qu'un Jeffryes, et je connais pour ma part un magistrat assez honnête homme. Mais j'ai voulu, remontant aux principes, montrer le caractère véritable d'une institution que l'orgueil des juges et l'épouvante des peuples ont revêtue à l'envi d'une majesté empruntée. J'ai voulu montrer l'humilité originelle de ces codes qu'on veut rendre augustes et qui ne sont en réalité qu'un amas bizarre d'expédients.

Hélas! les lois sont de l'homme; c'est une obscure et misérable origine. L'occasion les fit naître pour la plupart. L'ignorance, la superstition, l'orgueil du prince, l'intérêt du législateur, le caprice, la fantaisie, voilà la source de ces grands corps de droit qui deviennent vénérables quand ils commencent à n'être plus intelligibles. L'obscurité qui les enveloppe, épaissie par les commentateurs, leur communique la majesté des oracles antiques. J'entends dire à chaque instant, et je lis tous les jours dans les gazettes, que maintenant nous faisons des lois de circonstance et d'occasion. Cette vue appartient à des myopes qui ne découvrent pas que c'est la suite d'un usage immémorial et que, de tout temps, les lois sont sorties de quelque hasard. On se plaint aussi de l'obscurité et des contradictions où tombent sans cesse nos législateurs contemporains. Et l'on ne remarque pas que leurs prédécesseurs étaient tout aussi épais et embrouillés.

» En fait, Tournebroche, mon fils, les lois sont bonnes ou mauvaises moins par elles-mêmes que par la façon dont on les applique, et telle disposition très inique ne fait pas de mal si le juge ne la met point en vigueur. Les mœurs ont plus de force que les lois. La politesse des habitudes, la douceur des esprits sont les seuls remèdes qu'on puisse raisonnablement apporter à la barbarie légale. Car de corriger les lois par les lois, c'est prendre une voie lente et incertaine. Les siècles seuls défont l'œuvre des siècles.

II

— Il faut reconnaître, dit M. de Terremondre, que, dans son genre, la prison de notre ville est quelque chose d'admirable, avec ses cellules blanches, si propres, rayonnant toutes d'un observatoire central, et si ingénieusement disposées qu'on y est toujours en vue, sans jamais rien voir. Il n'y a pas à dire, c'est bien compris, c'est moderne, c'est au niveau du progrès. L'année dernière, comme je faisais une promenade dans le Maroc, je vis à Tanger, dans une cour ombragée d'un mûrier, une méchante bâtisse de boue et de plâtre devant laquelle un grand nègre en guenilles sommeillait. Etant soldat, il avait pour arme un bâton. Par les fenêtres étroites de la bâtisse passaient des bras basanés, qui tendaient des paniers d'osier. C'étaient les prisonniers qui, de leur prison, offraient aux passants, contre une pièce de cuivre, le produit de leur travail indolent. Leur voix gutturale modulait des prières et des plaintes que coupaient brusquement des imprécations et des cris de fureur. Car, enfermés pêle-mêle dans la vaste salle, ils se disputaient les ouvertures, voulant tous y passer leurs corbeilles. La querelle trop vive tira de son assoupissement le soldat noir qui, à coups de bâton, fit rentrer dans le mur les paniers avec les mains suppliantes. Mais bientôt d'autres mains reparurent, brunes et tatouées de bleu comme les premières. J'eus la curiosité de regarder par les fentes d'une vieille porte de bois l'intérieur de la prison. Je vis dans l'ombre une foule déguenillée, éparse sur la terre humide, des corps de bronze couchés parmi des loques rouges, des faces graves portant sous le turban des barbes vénérables, des moricauds agiles tressant en riant des corbeilles. On découvrait çà et là, sur les jambes enflées, des linges souillés, cachant mal les plaies et les ulcères ; et l'on voyait, l'on entendait ondoyer et bruire la vermine. Parfois passaient des rires. Une poule noire piquait du bec le sol fangeux. Le soldat me laissait observer les prisonniers tout à loisir, épiant mon départ pour tendre la main. Alors, je songeai au directeur de notre belle prison départementale. Et je me dis : « Si M. Ossian Colot venait à Tanger, il la reconnaîtrait et il la flétrirait, la promiscuité, l'odieuse promiscuité. »

— Au tableau que vous faites, répliqua M. Bergeret, je reconnais la barbarie. Elle est moins cruelle que la civilisation. Les prisonniers musulmans ne souffrent que de l'indifférence et parfois de la férocité de leurs gardiens. Du moins n'ont-ils rien à redouter des philanthropes. Leur vie est supportable, puisqu'on ne leur inflige pas le régime cellulaire. Toute prison est douce, comparée à la cellule inventée par nos savants criminalistes.

» Il y a, poursuivit M. Bergeret, une férocité particulière aux peuples civilisés, qui passe en cruauté l'imagination des barbares. Un criminaliste est bien plus méchant qu'un sauvage, un philanthrope invente des supplices inconnus à la Perse et à la Chine. Le bourreau persan fait mourir de faim les prisonniers. Il fallait un philanthrope pour imaginer de les faire mourir de solitude. C'est là précisément en quoi consiste le supplice de la prison cellulaire. Il est incomparable pour la durée et l'atrocité. Le patient, par bonheur, en devient fou, et la démence lui ôte le sentiment de ses tortures. On croit justifier cette abomination en alléguant qu'il fallait soustraire le condamné aux mauvaises influences de ses pareils et le mettre hors d'état d'accomplir des actes immoraux ou criminels. Ceux qui raisonnent ainsi sont trop bêtes pour qu'on affirme qu'ils sont hypocrites.

— Vous avez raison, dit M. Mazure. Mais ne soyons pas injustes envers notre temps. La Révolution, qui a su accomplir la réforme judiciaire, a beaucoup amélioré le sort des prisonniers. Les cachots de l'ancien régime étaient, pour la plupart, infects et noirs.

— Il est vrai, répliqua M. Bergeret, que de tout temps les hommes ont été méchants et cruels, et qu'ils ont toujours pris plaisir à tourmenter les malheureux. Du moins, avant qu'il y eût des philanthropes, ne torturait-on les hommes que par un simple sentiment de haine et de vengeance, et non dans l'intérêt de leurs mœurs.

III

— J'ai appris ce matin à la préfecture, dit M. Frémont, qu'on coupait une tête dans notre ville. Tout le monde en parle.

— On a si peu de distractions en province ! dit M. de Terremondre.

— Mais celle-là, dit M. Bergeret, est dégoûtante. On tue légalement dans l'ombre. Pourquoi le faire encore, puisqu'on en a honte ? Le président Grévy, qui était fort intelligent, avait aboli virtuellement la peine de mort, en ne l'appliquant jamais. Que ses successeurs n'ont-ils imité son exemple ! La sécurité des individus dans les sociétés modernes ne repose pas sur la terreur des supplices. La peine de mort est abolie dans plusieurs nations de l'Europe, sans qu'il s'y commette plus de crimes que que dans les pays où subsiste cette ignoble pratique. Là même où cette coutume dure encore, elle languit et s'affaiblit. Elle n'a plus ni force ni vertu. C'est une laideur inutile. Elle survit à son principe. Les idées de justice et de droit, qui jadis faisaient tomber les têtes avec majesté, sont bien ébranlées maintenant par la morale issue des sciences naturelles. Et puisque visiblement la peine de mort se meurt, la sagesse est de la laisser mourir.

— Vous avez raison, dit M. Frémont. La peine de mort est devenue une pratique intolérable, depuis qu'on n'y attache plus l'idée d'expiation, qui est toute théologique.

— Le Président aurait bien fait grâce, dit Léon avec importance. Mais le crime était trop horrible.

— Le droit de grâce, dit M. Bergeret, était un des attributs du droit divin. Le roi ne l'exerçait que parce qu'il était au-dessus de la justice humaine comme représentant de Dieu sur la terre. Ce droit, en passant du roi au président de la République, a perdu son caractère essentiel et sa légitimité. Il constitue désormais une magistrature en l'air, une fonction judiciaire en dehors de la justice et non plus au-dessus ; il institue une juridiction arbitraire, inconnue au législateur. L'usage en est bon, puisqu'il sauve des malheureux. Mais prenez garde qu'il est devenu absurde. La miséricorde du roi était la miséricorde de Dieu même. Conçoit-on M. Félix Faure investi des attributs de la divinité ? M. Thiers, qui ne se croyait pas l'oint du Seigneur, et qui, de fait, n'avait pas été sacré à Reims, se déchargea du droit de grâce sur une commission qui avait mandat d'être miséricordieuse pour lui.

— Elle le fut médiocrement, dit M. Frémont...

— Des restes de barbarie traînent encore, dit M. Bergeret, dans la civilisation moderne. Notre code de justice militaire, par exemple, nous rendra odieux à un prochain avenir. Ce code a été fait pour ces troupes de brigands armés qui désolaient l'Europe au XVIIIe siècle. Il fut conservé par la République de 92, et systématisé dans la première moitié de ce siècle. Après avoir substitué la nation à l'armée, on a oublié de le changer. On ne saurait penser à tout. Ces lois atroces, faites pour des pandours, on les applique aujourd'hui à de jeunes paysans effarés, à des enfants des villes qu'il serait facile de conduire avec douceur. Et cela semble naturel !

— Je ne vous comprends pas, dit M. de Terremondre. Notre code militaire, préparé, je crois, sous la Restauration, date seulement du second Empire. Aux environs de 1875, il a été remanié et mis d'accord avec l'organisation nouvelle de l'armée. Vous ne pouvez donc pas dire qu'il est fait pour les armées de l'ancien régime.

— Je le puis dire parfaitement, répondit M. Bergeret, puisque ce code n'est qu'une compilation des ordonnances concernant les armées de Louis XIV et de Louis XV. On sait ce qu'étaient ces armées, ramas de racoleurs et de racolés, chiourme de terre, divisée en lots qu'achetaient de jeunes nobles, parfois des enfants. On maintenait l'obéissance de ces troupes par de perpétuelles menaces de mort. Tout est changé ; les militaires de la monarchie et des deux Empires ont fait place à une énorme et placide garde nationale. Il n'y a plus à craindre ni mutineries ni violences. Pourtant la mort à tout propos menace ces doux troupeaux de paysans et d'artisans, mal habillés en soldats. Le contraste de ces mœurs bénignes et de ces lois féroces est presque risible. Et, si l'on y réfléchissait, on trouverait qu'il est aussi grotesque qu'odieux de punir de mort des attentats dont on aurait facilement raison par le léger appareil des peines de simple police.

— Mais, dit M. de Terremondre, les soldats d'aujourd'hui ont des armes comme les soldats d'autrefois. Et il faut bien que des officiers, en petit nombre et désarmés, s'assurent l'obéissance et le respect d'une multitude d'hommes portant des fusils et des cartouches. Tout est là.

— C'est un vieux préjugé, dit M. Bergeret, que de croire à la nécessité des peines et d'estimer que les plus fortes sont les plus efficaces. La peine de mort pour voie de fait envers un supérieur vient du temps où les officiers n'étaient pas du même sang que les soldats...

IV

Il y a environ dix ans, peut-être plus, peut-être moins, je visitai une prison de femmes. C'était un ancien château construit sous Henri IV et dont les hauts toits d'ardoise dominaient une sombre petite ville du Midi, au bord d'un fleuve. Le directeur de cette prison paraissait toucher à l'âge de la retraite ; il portait une perruque noire et une barbe blanche. C'était un directeur extraordinaire. Il pensait par lui-même et avait des sentiments humains. Il ne se faisait pas d'illusions sur la moralité de ses trois cents pensionnaires, mais il n'estimait pas qu'elle fût bien au-dessous de la moralité de trois cents femmes prises au hasard dans une ville.

— Il y a de tout ici comme ailleurs, semblait-il me dire de son regard doux et las.

Quand nous traversâmes la cour, une longue file de détenues achevait la promenade silencieuse et regagnait les ateliers. Il y avait beaucoup de vieilles, l'air brut et sournois. Mon ami, le docteur Cabane, qui nous accompagnait, me fit remarquer que presque toutes ces femmes avaient des tares caractéristiques, que le strabisme était fréquent parmi elles, que c'était des dégénérées, et qu'il s'en trouvait bien peu qui ne fussent marquées des stigmates du crime, ou tout au moins du délit.

Le directeur secoua lentement la tête. Je vis bien qu'il n'était guère accessible aux théories des médecins criminalistes et qu'il demeurait persuadé que dans notre société les coupables ne sont pas toujours très différents des innocents.

Il nous mena dans les ateliers. Nous vîmes les boulangères, les blanchisseuses, les lingères à l'ouvrage. Le travail et la propreté mettaient là presque un peu de joie. Le directeur traitait toutes ces femmes avec bonté. Les plus stupides et les plus méchantes ne lui faisaient pas perdre sa patience ni sa bienveillance. Il estimait qu'on doit passer bien des choses aux personnes avec lesquelles on vit, qu'il ne faut pas trop demander même à des délinquantes et à des criminelles; et, contrairement à l'usage, il n'exigeait pas des voleuses et des entremetteuses qu'elles fussent parfaites parce qu'elles étaient punies. Il ne croyait guère à l'efficacité des châtiments pour rendre les êtres meilleurs, et il désespérait de faire de la prison une école de vertu. Ne pensant pas qu'on rend les gens meilleurs en les faisant souffrir, il épargnait le plus qu'il pouvait les souffrances à ces malheureuses. Je ne sais s'il avait des sentiments religieux, mais il n'attachait aucune signification morale à l'idée d'expiation.

— J'interprète le règlement, me dit-il, avant de l'appliquer. Et je l'explique moi-même aux détenues. Le règlement prescrit, par exemple, le silence absolu. Or, si elles gardaient absolument le silence, elles deviendraient toutes idiotes ou folles. Je pense, je dois penser, que ce n'est pas cela que veut le règlement. Je leur dis : « Le règlement vous ordonne de garder le silence. Qu'est-ce que cela signifie ? Cela signifie que les surveillantes ne doivent pas vous entendre. Si l'on vous entend, vous serez punies ; si l'on ne vous entend pas, on n'a pas de reproche à vous faire. Je n'ai pas à vous demander compte de vos pensées. Si vos paroles ne font pas plus de bruit que vos pensées, je n'ai pas à vous demander compte de vos paroles. » Ainsi averties, elles s'étudient à parler sans pour ainsi dire proférer de sons. Elles ne deviennent pas folles, et la règle est suivie.

Je lui demandai si ses supérieurs hiérarchiques approuvaient cette interprétation du règlement.

Il me répondit que les inspecteurs lui faisaient souvent des reproches ; qu'alors il les conduisait jusqu'à la porte extérieure, et leur disait : « Vous voyez cette grille ; elle est en bois. Si l'on enfermait ici des hommes, au bout de huit jours il n'en resterait pas un. Les femmes n'ont pas l'idée de s'évader. Mais il est prudent de ne pas les rendre enragées. Le régime de la prison n'est pas déjà très favorable à leur santé physique et morale. Je ne me charge plus de les garder si vous leur imposez la torture du silence. »

L'infirmerie et les dortoirs, que nous visitâmes ensuite, étaient installés dans de grandes salles blanchies à la chaux, et qui ne gardaient plus de leur antique splendeur que des cheminées monumentale de pierre grise et de marbre noir surmontées de pompeuses Vertus en ronde bosse. Une Justice, sculptée vers 1600 par quelque artiste flamand italianisé, la gorge libre et la cuisse hors de sa tunique fendue, tenait d'un bras gras ses balances affolées dont les plateaux se choquaient comme des cymbales, et tournait la pointe de son glaive contre une petite malade couchée dans un lit de fer, sur un matelas aussi mince qu'une serviette pliée. On eût dit un enfant.

— Eh bien ! cela va mieux ? demanda le docteur Cabane.

— Oh ! oui, monsieur, beaucoup mieux.

Et elle sourit.

— Allons, soyez bien sage et vous guérirez.

Elle regarda le médecin avec de grands yeux pleins de joie et d'espérance.

— C'est qu'elle a été bien malade, cette petite, dit le docteur Cabane.

Et nous passâmes.

— Pour quel délit a-t-elle été condamnée ?

— Ce n'est pas pour un délit, c'est pour un crime.

— Ah !

— Infanticide.

Au bout d'un long corridor, nous entrâmes dans une petite pièce assez gaie, toute garnie d'armoires, et dont les fenêtres, qui n'étaient pas grillées, donnaient sur la campagne. Là, une jeune femme, fort jolie, écrivait devant un bureau. Debout, près d'elle, une autre, très bien faite, cherchait une clef dans un trousseau pendu à sa ceinture. J'aurais cru volontiers que ce fussent les filles du directeur. Il m'avertit que c'était deux détenues.

— Vous n'avez pas vu qu'elles ont le costume de la maison ?

Je ne l'avais pas remarqué, sans doute parce qu'elles ne le portaient pas comme les autres.

— Leurs robes sont mieux faites et leurs bonnets, plus petits, laissent voir les cheveux.

— C'est, me répondit le vieux directeur, qu'il est bien difficile d'empêcher une femme de montrer ses cheveux, quand ils sont beaux. Celles-ci sont soumises au régime commun et astreintes au travail.

— Que font-elles ?

— L'une est archiviste et l'autre bibliothécaire.

Il n'y avait pas besoin de le demander : c'étaient deux « passionnelles ». Le directeur ne nous cacha pas qu'aux délinquantes il préférait les criminelles.

— J'en sais, dit-il, qui sont comme étrangères à leur crime. Ce fut un éclair dans leur vie. Elles sont capables de droiture, de courage et de générosité. Je n'en dirais pas autant de mes voleuses. Leurs délits, qui restent médiocres et vulgaires, forment le tissu de leur existence. Elles sont incorrigibles. Et cette bassesse, qui leur fit commettre des actes repréhensibles, se retrouve à tout instant dans leur conduite. La peine qui les atteint est relativement légère et, comme elles ont peu de sensibilité physique et morale, elles la supportent le plus souvent avec facilité.

» Ce n'est pas à dire, ajouta-t-il vivement, que ces malheureuses soient toutes indignes de pitié et ne méritent point qu'on s'intéresse à elles. Plus je vis, plus je m'aperçois qu'il n'y a pas de coupables et qu'il n'y a que des malheureux. »

Il nous fit entrer dans son cabinet et donna à un surveillant l'ordre de lui amener la détenue 503.

— Je vais, nous dit-il, vous donner un spectacle que je n'ai point préparé, je vous prie de le croire, et qui vous inspirera sans doute des réflexions neuves sur les délits et les peines. Ce que vous allez voir et entendre, je l'ai vu et entendu cent fois dans ma vie.

Une vieille femme, accompagnée d'une surveillante, entra dans le cabinet. C'était une paysanne rude, informe, sans front ni menton, borgne.

— J'ai une bonne nouvelle à vous annoncer, lui dit le directeur. M. le Président de la République, instruit de votre bonne conduite, vous remet le reste de votre peine. Vous sortirez samedi.

Elle écoutait, la bouche ouverte, les mains jointes sur le ventre. Mais les idées n'entraient pas vite dans sa tête.

— Vous sortirez samedi prochain de cette maison. Vous serez libre.

Cette fois elle comprit, ses mains se soulevèrent dans un geste de détresse, ses lèvres tremblèrent :

— C'est-il vrai qu'il faut que je m'en aille ? Alors, qu'est-ce que je vais devenir ? Ici j'étais nourrie, vêtue, et tout. Est-ce que vous pourriez pas le dire à ce bon monsieur, qu'il vaut mieux que je reste où je suis ?

Il l'avertit qu'à son départ elle recevrait une certaine somme, dix ou douze francs.

Elle sortit, pensant à cet argent.

Je demandai ce qu'elle avait fait, celle-là.

Il feuilleta un registre :

— 503. Elle était servante chez des cultivateurs... Elle a volé un tablier à ses maîtres... Vol domestique... Vous savez, la loi punit sévèrement le vol domestique.

V

— Il n'est pas convenable, dit Jean Marteau, de manquer de pain. C'est une incorrection. La faim devrait être un délit comme le vagabondage. Mais en fait les deux délits se confondent, et l'article 269 punit de trois à six mois de prison les gens qui n'ont pas de moyens de subsistance. Le vagabondage, dit le code, est l'état des vagabonds, des gens sans aveu, qui n'ont ni domicile certain ni moyens de subsistance et qui n'exercent habituellement aucun métier, aucune profession. Ce sont de grands coupables.

— Il est remarquable, dit M. Bergeret, que l'état de ces vagabonds, passibles de six mois de prison et de dix ans de surveillance, est précisément celui où le bon saint François mit ses compagnons, à Sainte-Marie-des-Anges, et les filles de sainte Claire. Saint François d'Assise et saint Antoine de Padoue, s'ils venaient prêcher aujourd'hui à Paris, risqueraient fort d'aller dans le panier à salade au dépôt de la Préfecture. Ce que j'en dis n'est pas pour dénoncer à la police les moines mendiants qui pullulent maintenant et trublionnent chez nous. Ceux-là ont des moyens d'existence et ils exercent tous les métiers.

— Ils sont respectables puisqu'ils sont riches, dit Jean Marteau, et la mendicité n'est interdite qu'aux pauvres. Ne possédant rien, j'étais un ennemi présumé de la propriété, et il est juste de défendre la propriété contre ses ennemis. La tâche auguste du juge est d'assurer à chacun ce qui lui revient, au riche sa richesse et au pauvre sa pauvreté.

— J'ai médité la philosophie du droit, dit M. Bergeret, et j'ai reconnu que toute la justice sociale reposait sur ces deux axiomes : Le vol est condamnable. Le produit du vol est sacré. Ce sont là les principes qui assurent la sécurité des individus et maintiennent l'ordre dans l'Etat. Si l'un de ces principes tutélaires était méconnu, la société tout entière s'écroulerait. Ils furent établis au commencement des âges. Un chef vêtu de peaux d'ours, armé d'une hache de silex et d'une épée en bronze, rentra avec ses compagnons dans l'enceinte de pierres où les enfants de la tribu étaient renfermés avec les troupeaux des femmes et des rennes. Ils ramenaient les jeunes filles et les jeunes garçons de la tribu voisine et rapportaient des pierres tombées du ciel, qui étaient précieuses parce qu'on en faisait des épées qui ne pliaient pas. Le chef monta sur un tertre, au milieu de l'enceinte, et dit : « Ces esclaves et ce fer, que j'ai pris à des hommes faibles et méprisables, sont à moi. Quiconque étendra la main dessus sera frappé de ma hache. » Telle est l'origine des lois. Leur esprit est antique et barbare. Et c'est parce que la justice est la consécration de toutes les injustices, qu'elle rassure tout le monde. Un juge peut être bon, car les hommes ne sont pas tous méchants ; la loi ne peut pas être bonne parce qu'elle est antérieure à toute idée de bonté. Les changements qu'on y a apportés dans la suite des âges n'ont pas altéré son caractère original. Les juristes l'ont rendue subtile et l'ont laissée barbare. C'est à sa férocité même qu'elle doit d'être respectée et de paraître auguste. Les hommes sont enclins à adorer les dieux méchants, et ce qui n'est point cruel ne leur semble point vénérable. Les justiciables croient à la justice des lois. Ils n'ont point une autre morale que les juges, et ils pensent comme eux qu'une action punie est une action punissable. J'ai été souvent touché de voir, en police correctionnelle ou en cour d'assises, que le coupable et le juge s'accordent parfaitement sur les idées de bien et de mal. Ils ont les mêmes préjugés et une morale commune.

— Il n'en saurait être autrement, dit Jean Marteau. Un malheureux qui a volé à un étalage une saucisse ou une paire de souliers n'a pas pour cela pénétré d'un regard profond et d'un esprit intrépide les origines du droit et les fondements de la justice. Et ceux qui, comme nous, n'ont pas craint de voir la consécration de la violence et de l'iniquité à l'origine des codes, ceux-là sont incapables de voler un centime.

— Mais enfin, dit M. Goubin, il y a des lois justes.

— Croyez-vous ? demanda Jean Marteau.

— M. Goubin a raison, dit M. Bergeret. Il y a des lois justes. Mais la loi, étant instituée pour la défense de la société, ne saurait être, dans son esprit, plus équitable que cette société.

Tant que la société sera fondée sur l'injustice, les lois auront pour fonction de défendre et de soutenir l'injustice. Et elles paraîtront d'autant plus respectables qu'elles seront plus injustes. Remarquez aussi qu'anciennes, pour la plupart, elles représentent non pas tout à fait l'iniquité présente, mais une iniquité passée, plus rude et plus grossière. Ce sont des monuments des âges mauvais, qui subsistent dans des jours plus doux.

— Mais on les corrige, dit M. Goubin.

— On les corrige, répondit M. Bergeret. La Chambre et le Sénat y travaillent quand ils n'ont pas autre chose à faire. Mais le fond subsiste : il est âpre. A vrai dire, je ne craindrais pas beaucoup les mauvaises lois si elles étaient appliquées par de bons juges. La loi est inflexible, dit-on. Je ne le crois pas. Il n'y a point de texte qui ne se laisse solliciter. La loi est morte. Le magistrat est vivant ; c'est un grand avantage qu'il a sur elle. Malheureusement il n'en use guère. D'ordinaire, il se fait plus mort, plus froid, plus insensible que le texte qu'il applique. Il n'est point humain ; il n'a point de pitié. L'esprit de caste étouffe en lui toute sympathie humaine.

» Je ne parle ici que des magistrats honnêtes.

— C'est le plus grand nombre, dit M. Goubin.

— C'est le plus grand nombre, répondit M. Bergeret, si nous considérons la probité vulgaire et la morale commune. Mais est-ce assez que d'être à peu près un honnête homme pour exercer sans erreurs et sans abus le pouvoir monstrueux de punir ? Le bon juge devrait unir l'esprit philosophique à la simple bonté. C'est beaucoup demander à un homme qui fait sa carrière et veut avancer. Sans compter que s'il fait paraître une morale supérieure à celle de son temps, il sera odieux à ses confrères et soulèvera l'indignation générale. Car nous appelons immoralité toute morale qui n'est point la nôtre. Tous ceux qui ont apporté un peu de bonté nouvelle au monde essuyèrent le mépris des honnêtes gens. C'est bien ce qui est arrivé au président Magnaud.

» J'ai là ses jugements réunis en un petit volume et commentés par Henry Leyret. Ces jugements, quand ils furent prononcés, indignèrent les magistrats austères et les législateurs vertueux. Ils sont empreints d'une philosophie profonde et d'une bonté délicate. Ils témoignent de l'esprit le plus élevé et de l'âme la plus tendre. Ils sont pleins de pitié, ils sont humains, ils sont vertueux. On estima dans la magistrature que le président Magnaud n'avait pas l'esprit juridique, et les amis de M. Méline l'accusèrent de ne point assez respecter la propriété. Et il est vrai que les « attendus » dont s'appuient les jugements de M. le président Magnaud sont singuliers ; car on y rencontre à chaque ligne les pensées d'un esprit libre et les sentiments d'un cœur généreux.

M. Bergeret, prenant sur la table un petit volume rouge, le feuilleta et lut :

« La probité et la délicatesse sont deux vertus infiniment plus faciles à pratiquer quand on ne manque de rien, que lorsqu'on est dénué de tout. »

*
* *

« Ce qui ne peut être évité ne saurait être puni. »

*
* *

« Pour équitablement apprécier le délit de l'indigent, le juge doit, pour un instant, oublier le bien-être dont il jouit, afin de s'identifier autant que possible avec la situation lamentable de l'être abandonné de tous. »

*
* *

« Le souci du juge, dans son interprétation de la loi, ne doit pas être seulement limité au cas spécial qui lui est soumis, mais s'étendre encore aux conséquences bonnes ou mauvaises que peut produire sa sentence dans un intérêt plus général. »

*
* *

« C'est l'ouvrier seul qui produit et qui expose sa santé ou sa vie au profit exclusif du patron, lequel ne peut compromettre que son capital. »

Et j'ai cité presque au hasard, ajouta M. Bergeret en fermant le livre. Voilà des paroles nouvelles et qui rendent le son d'une grande âme !

TABLE

Ce volume a été composé et tiré par des ouvriers syndiqués.

PITHIVIERS. — IMPRIMERIE L. GAUTHIER

0 fr. 50

BIBLIOTHÈQUE SOCIALISTE

ANATOLE FRANCE

OPINIONS SOCIALES

II

LA RELIGION ET L'ANTISEMITISME
L'ARMÉE ET L'AFFAIRE. — LA PRESSE
LA JUSTICE CIVILE ET MILITAIRE

PARIS
SOCIÉTÉ NOUVELLE DE LIBRAIRIE ET D'ÉDITION
LIBRAIRIE GEORGES BELLAIS
RUE CUJAS, 17

1902

BIBLIOTHÈQUE SOCIALISTE

VOLUMES PRÉCÉDEMMENT PARUS

Nº 1. MAURICE LAUZEL. *Manuel du coopérateur socialiste.*

Nos 2-4. ÉMILE VANDERVELDE. *Le collectivisme et l'évolution industrielle.*

Nº 5. HUBERT BOURGIN. *Proudhon*, avec portrait.

Nos 6 et 7. LÉON BLUM. *Les Congrès ouvriers et socialistes français* (1876-1900).

Nº 8. KARL MARX et F. ENGELS. *Le Manifeste communiste*, I, traduction nouvelle par CHARLES ANDLER.

Nos 9-10. KARL MARX et F. ENGELS. *Le Manifeste communiste*, II, introduction historique et commentaire par CHARLES ANDLER.

Nos 11 et 12. WILLIAM MORRIS

NOUVELLES DE NULLE PART

(NEWS FROM NOWHERE)

EXTRAITS

TRADUITS PAR P.-G. LA CHESNAIS

Avec un portrait de William Morris

Rien de plus ingénieux, de plus poétique et de plus ailé, et en même temps rien de plus vrai que la charmante « Utopie » de William MORRIS.

Sous une délicate fiction, c'est toute la question sociale vue par un grand artiste, vue surtout par le côté moral et esthétique.

Ce livre porte la marque d'une double influence : celle de FOURIER et celle de Karl MARX. Mais son plus vif attrait, c'est l'originalité même de William MORRIS.

BIBLIOTHÈQUE SOCIALISTE

La **Bibliothèque socialiste**, dont la *Société Nouvelle de librairie et d'édition* entreprend la publication, comprend des œuvres de propagande et de doctrine, des études historiques et biographiques, des réimpressions et des traductions d'ouvrages socialistes importants, etc.

La **Bibliothèque socialiste** forme une série de volumes in-16 d'un format commode et d'une impression soignée.

La **Bibliothèque socialiste** *paraît par numéros de cent pages*, les œuvres étendues comprenant, s'il y a lieu, deux ou trois numéros (200 ou 300 pages).

Prix du numéro 0 fr. 50. Franco à domicile 0 fr. 60. Le numéro double 1 fr. ; franco 1 fr. 20. Le numéro triple 1 fr. 50 ; franco 1 fr. 80.

Il paraît au cours de l'année **douze numéros.**

Prix de souscription à la série de douze numéros : **6 fr. franco.**

Prix pour les groupes, syndicats et coopératives socialistes : le numéro 0 fr. 35 ; franco 0 fr. 45. Le numéro double 0 fr. 70 ; franco 0 fr. 90. Le numéro triple 1 fr. 05 ; franco 1 fr. 35.

POUR PARAITRE PROCHAINEMENT :

ARISTIDE BRIAND

LA GRÈVE GÉNÉRALE

www.ingramcontent.com/pod-product-compliance
Ingram Content Group UK Ltd.
Pitfield, Milton Keynes, MK11 3LW, UK
UKHW020156200726
13856UKWH00003B/1020